SÊNECA

EDIÇÃO BILÍNGUE
Português e Latim

SOBRE A TRANQUILIDADE DA ALMA

SOBRE O ÓCIO

CB066627

NOVALEXANDRIA

EDIÇÃO BILÍNGUE
Português e Latim

SÊNECA

SOBRE A TRANQUILIDADE DA ALMA
SOBRE O ÓCIO

Tradução, notas e apresentação de
José Rodrigues Seabra Filho

NOVALEXANDRIA

São Paulo - 2020

Título Original: *Ad Serenum de Tranquillitate Animi*
Ad Serenum de Otio

©Copyright 2020. Editora Nova Alexandria Ltda.

Todos os direitos reservados
Editora Nova Alexandria Ltda.
Rua Eng° Sampaio Coelho, 111
CEP 04261-080 São Paulo - SP
Fone/fax: (11) 2215-6252
E-mail: novaalexandria@novaalexandria.com.br
Site: www.editoranovaalexandria.com.br

Revisão de Tradução: João Câmara Neiva
Revisão: Lourenço de Souza Barba e Carla CCS. Melo Moreira
Assistência Editorial: Augusto Rodrigues
Capa, Projeto Gráfico e Editoração: Mauricio Mallet Art & Design

DADOS INTERNACIONAIS DE CATALOGAÇÃO

Sêneca, Lúcio Aneu. 4 a.C. -65 d.C.
Sobre a Tranquilidade da Alma, Sobre o Ócio / Sêneca; Tradução, introdução e notas de José Rodrigues Seabra Filho - São Paulo: Nova Alexandria, 2020.
120 p.

Edição Bilíngue
ISBN: 978-65-86189-13-1

1. Conduta de Vida 2. Estoicos 3. Ética

CDD: 188

Índice para catalogação sistemática:
1. Estoicismo: Filosofia antiga 188

SUMÁRIO

A Filosofia como Direção de Vida 9

Ad Serenum de Tranqvillitate Animi 14

Sobre a Tranquilidade da Alma 15

Ad Serenum de Otio 96

Sobre o Ócio 97

SÊNECA

SOBRE A TRANQUILIDADE DA ALMA
SOBRE O ÓCIO

Tradução, notas e apresentação de
JOSÉ RODRIGUES SEABRA FILHO

INTRODUÇÃO

A FILOSOFIA COMO DIREÇÃO DE VIDA

Em seu livro Sobre a Vida Feliz, III, 3, expondo ao irmão Galião o que caracteriza a verdadeira felicidade e ensinando-lhe a maneira de obtê-la, Lúcio Aneu Sêneca, o filósofo que em meados do século I d.c. chegou a ser uma das principais autoridades políticas da Roma Imperial, escreve o seguinte: "Feliz é a vida de acordo com sua natureza, impossível de atingir sem que se tenha antes espírito são e em perpétua posse de sua sanidade, além de corajoso e enérgico, e ainda admirabilissimamente paciente, apto a quaisquer circunstâncias, cuidadoso, não com ansiedade, do corpo e do que a esse concerne, e sem admiração por coisa alguma, e aplicado a outros bens que edificam a vida; um espírito que há de usar os dons da fortuna, que não há de ser escravo deles". O trecho apresenta resumidamente o ideal de vida dos estoicos. Dois conselhos aí sobressaem: viver o homem em harmonia com a natureza e viver como um senhor, e não escravo, das dádivas que ela lhe oferece. Isso significa, para o homem, expulsar de si mesmo as paixões mundanas. Pois as coisas que o encolerizam ou o apavoram não são da natureza, são emoções que ele mesmo cria em si. Libertando-se delas, o homem entra em harmonia com a natureza. Para atingir esse autodomínio, ele deve estar em permanente busca da virtude, cultivando sempre os dons que a vida generosamente reparte entre todos.

INTRODUÇÃO

Entendem-se como dons naturais acessíveis ao homem os julgamentos e decisões livres, de acordo com a consciência; as possibilidades de desenvolvimento intelectual e de aperfeiçoamento moral, com a consequente maior compreensão do mundo, pelo estudo constante; as forças inesgotáveis para inúmeras atividades de progresso, aperfeiçoamento e satisfação pessoal. O homem só não usufruirá esses dons enquanto for escravo dos prazeres corporais, dos desejos de sucesso e de enriquecimento material, e dos temores.

Tais preceitos são, na verdade, comuns à doutrina estoica a que se ligava nosso filósofo — doutrina que teve como principais representantes, na Grécia, Zenão de Cício, Cleantes e Crísipo (séculos III e II a.c.) e ainda Panécio e Posidônio (séculos II e I a.c.); e em Roma, Sêneca, Epicteto e Marco Aurélio (séculos I e II d.c.)

Para a literatura latina é Sêneca quem vai continuar durante o império a tradição ciceroniana de expor em latim os grandes temas da filosofia grega. Como foi Cícero durante a República, Sêneca também, embora moralista estoico por excelência, mostrou-se por sua vez eclético, aproveitando sempre o que de bom havia nas demais escolas filosóficas. Esse ecletismo se explica pelo objetivo básico da filosofia senequiana: apresentar-se como guia de vida adequada, útil e produtiva para o homem. Sêneca vê o homem como ser independente, como cidadão do mundo que deve servir à pátria, que pode ser útil a si e aos outros. É o homem, na visão senequiana, uma criatura nascida tanto para a contemplação como para a ação — significando essa um agir em prol da humanidade, e não exatamente um produzir, um fabricar coisas.

INTRODUÇÃO

AS RESPOSTAS E CONSELHOS AO AMIGO

Sêneca compôs Sobre a tranquilidade da alma para responder às inquietações e dúvidas de seu amigo e discípulo Sereno, que se iniciava na doutrina estoica. A data da composição é incerta, variando entre os anos de 49 a 61 aproximadamente. O plano geral da obra pode ser resumido em duas partes: relação dos males que sobrevêm ao homem (cap. I-II); indicação dos remédios proporcionados pela filosofia (cap. III-XVII). A primeira parte subdivide-se em duas outras: primeiramente, Sêneca apresenta carta imaginária que lhe seria dirigida por Sereno (cap. 1); depois aproveita o assunto ali exposto e o aprofunda, analisando a inquietação e a instabilidade da alma (cap. II). A segunda parte compreende, resumidamente, os seguintes assuntos: a participação na vida pública e as consequentes precauções a serem tomadas (cap. III-VI); a escolha dos amigos (cap. VII); os maus efeitos da riqueza (cap. VIII-IX); como comportar-se na infelicidade, os inconvenientes das situações elevadas e a indiferença do sábio em relação aos acontecimentos exteriores (cap. X-XI); a necessidade de evitar uma agitação estéril (cap. XII-XIII; a necessidade de não se obstinar contra as circunstâncias (cap. XIV); não se deixar abater nem pelos vícios humanos nem pelo que acontece de triste até com os melhores homens (cap. XV-XVI); praticar a simplicidade, alternar a solidão e a vida social, alternar o trabalho e o divertimento (cap. XVII).

A obra seguinte, o tratado Sobre o ócio foi composta por volta do ano 61, provavelmente algum tempo depois do Sobre a tranquilidade da alma. Em Sobre o ócio, Sereno, já definitivamente conquistado pelo estoicismo, chega a censurar Sêneca por não se ater aos princípios da escola. Eis o plano da obra: pode-se praticar o ócio sem deixar de ser estoico, exemplos de grandes filósofos, e o que se recomenda na

maioria dos casos (cap. I-V); o ócio útil à humanidade (cap. VI); diferença apenas doutrinal entre o epicurismo e o estoicismo (cap. VII); reafirmação dos argumentos precedentes, obrigatoriedade do ócio para um estoico consequente com seus princípios (cap. VIII).

Os textos latinos utilizados para a tradução dos dois tratados — que também constam nesta edição — são os estabelecidos por René Waltz e publicados pela Societé d'Édition "Les Belles Lettres", em 1950*.

*SÉNÉQUE. Dialogues. De la providence. De la constance Du sage. De la tranquillité de l'ame. De l'oisiveté. Texte établi ET traduit par René Waltz. 3.ed. Paris, Les Belles Lettres, 1950, tome IV.

AD SERENUM
DE TRANQVILLITATE ANIMI

SOBRE A
TRANQUILIDADE DA ALMA

AD SERENUM
DE TRANQVILLITATE ANIMI

I

1. Inquirenti mihi in me quaedam vitia apparebant, Seneca, in aperto posita, quae manu prehenderem, quaedam obscuriora et in recessu, quaedam non continua, sed ex intervallis redeuntia, quae vel molestissima dixerim, ut hostes vagos et ex occasionibus assilientes, per quos neutrum licet, nec tamquam in bello paratum esse nec tamquam in pace securum.

2. Illum tamen habitum in me maxime deprehendo (quare enim non verum ut medico fatear?), nec bona fide liberatum me iis quae timebam et oderam, nec rursus obnoxium. In statu ut non pessimo, ita maxime querulo et moroso positus sum nec aegroto nec valeo.

3. Non est quod dicas omnium virtutum tenera esse principia, tempore illis duramentum et robur accedere. Non ignoro etiam quae in speciem laborant, dignitatem dico et eloquentiae famam et quicquid ad alienum suffragium venit, mora convalescere: et quae veras vires parant et quae ad placendum fuco quodam subornantur exspectant annos

SOBRE A
TRANQUILIDADE DA ALMA

I

1. Sereno: A mim que me examinava a mim mesmo, certos vícios revelavam-se, Sêneca, tão evidentes, que eu os poderia ter à mão; outros, no entanto, mais obscuros e recônditos mostravam-se; outros ainda, havia descontínuos, mas reincidentes a intervalos, os quais eu inclusive reputaria os mais molestos deles, à semelhança de inimigos que vagueiam e assaltam em momentos propícios, em relação aos quais não se pode nem estar preparado, tal qual na guerra, nem seguro, tal qual na paz.

2. No entanto, a disposição que depreendo em mim (pois, por que razão não confessaria a ti, como a um médico, a verdade?) é, sobretudo, a de nem estar francamente livre dos meus ódios e temores passados nem, ao contrário, a eles continuar ligado. Posto não seja o pior de todos, ainda assim, é extremamente lamentável e impertinente o estado em que me encontro: nem estou doente nem saudável.

3. Nem é o caso de dizeres que são tenros os princípios de todas as virtudes, e que essas com o tempo adquirem consistência e robustez. Não ignoro também que aquilo que se reveste de aparência — digo a dignidade, a fama da eloquência, e o que quer que vem segundo o sufrágio alheio — cresce com o tempo; e que tanto as coisas que alcançam verdadeiros mé-

donec paulatim colorem diuturnitas ducat. Sed ego vereor ne consuetudo, quae rebus affert constantiam, hoc vitium mihi altius figat: tam malorum quam bonorum longa conversatio amorem induit.

4. Haec animi inter utrumque dubii, nec ad recta fortiter nec ad prava vergentis, infirmitas qualis sit, non tam semel tibi possum quam per partes ostendere. Dicam quae accidant mihi; tu morbo nomen invenies.

5. Tenet me summus amor parsimoniae, fateor: placet non in ambitionem cubile compositum, non ex arcula prolata vestis, non ponderibus ac mille tormentis splendere cogentibus expressa, sed domestica et vilis, nec servata nec sumenda sollicite;

6. Placet cibus quem nec parent familiae nec spectent, non ante multos imperatus dies nec multorum manibus ministratus, sed parabilis facilisque, nihil habens accersiti pretiosive, ubilibet non defuturus, nec patrimonio nec corpori gravis, non rediturus qua intraverit;

7. Placet minister incultus et rudis vernula, argentum grave rustici patris sine ullo nomine artificis, et mensa non varietate macularum conspicua nec per multas dominorum elegantium successiones civitati nota, sed in usum posita, quae nullius convivae oculos nec voluptate moretur nec accendat invidia.

ritos como as que, para agradar, seduzem por falsa aparência, esperam o perpassar dos anos até que o tempo lhes traga cor. Mas eu receio que o hábito, que consolida as coisas, crave-me mais fundo este vício: o longo trato faz-nos tomar gosto tanto do mal como do bem.
4. Em que consiste essa inconstância da alma que, indecisa, nem se inclina resolutamente à retidão nem à depravação, não te posso dizer de uma só vez, mas sim por partes. Direi o que me acontece; tu acharás o nome para a doença.
5. Sou possuído pelo mais profundo amor à parcimônia, confesso: agrada-me uma cama preparada sem pompa, uma veste não retirada ao fundo do baú e que se faz resplandecer com pesos e mil torturas, mas uma veste doméstica e comum, e que não deve ser conservada nem usada com cuidado especial;
6. agrada-me o alimento que os criados nem preparem nem fiquem contemplando, nem tenha de ser encomendado muitos dias antes, nem servido por mãos de muitos, mas que seja facilmente encontrado e preparado que nada tenha de afetado ou de precioso, que não falte em lugar algum que não seja pesado nem ao patrimônio nem ao corpo, que não volte por onde tenha entrado;[1]
7. agrada-me o servidor inculto e o rude escravo, a pesada baixela de meu rústico pai, sem o nome de algum artífice, a mesa não vistosa pela variedade de matizes, nem conhecida na cidade pelos muitos donos elegantes a que pertenceu, mas que, posta em uso, não desvaneça pelo prazer nem acenda pela inveja os olhos de nenhum conviva.

---

[1] Havia entre os romanos o costume de vomitar para comer mais.

8. Cum bene ista placuerunt, praestringit animum apparatus alicuius paedagogii, diligentius quam in tralatu vestita et auro culta mancipia et agmen servorum nitentium, iam domus etiam qua calcatur pretiosa et, divitiis per omnes angulos dissipatis, tecta ipsa fulgentia, et assectator comesque patrimoniorum pereuntium populus. Quid perlucentes ad imum aquas et circumfluentes ipsa convivia, quid epulas loquar scaena sua dignas?

9. Circumfudit me ex longo frugalitatis situ venientem multo splendore luxuria et undique circumsonuit: paulum titubat acies, facilius adversus illam animum quam oculos attollo; recedo itaque non peior, sed tristior, nec inter illa frivola mea tam altus incedo, tacitusque morsus subit et dubitatio numquid illa meliora sint. Nihil horum me mutat, nihil tamen non concutit.

10. Placet imperia praeceptorum sequi et in mediam ire rem publicam; placet honores fascesque non scilicet purpura aut virgis abductum capessere, sed ut amicis propinquisque et omnibus civibus, omnibus deinde mortalibus paratior utiliorque sim: promptus, imperitus, sequor Zenona, Cleanthen, Chrysippum, quorum tamen nemo ad rem publicam accessit, et nemo non misit.

11. Ubi aliquid animum insolitum arietari percussit, ubi aliquid occurrit aut indignum, ut in omni vita humana multa

8. Enquanto, por um lado, essas coisas muito me agradam, toca-me a alma o aparato de algum *paidagogium*[2], os escravos vestidos com mais apuro que para uma procissão, e trajados com ouro e a multidão de servos resplendentes; logo, também, uma casa em que se pisam preciosidades, em que as riquezas se disseminam por todos os cantos, em que os próprios tetos são refulgentes, em que se encontra essa gente partidária e companheira de patrimônios arruinantes. Que diria eu das águas transparentes até o fundo, e que fluem até mesmo ao redor dos banquetes? Que diria das iguarias dignas desse cenário?

9. Com muito esplendor o luxo me envolveu, a mim que vinha de longo período de frugalidade, e por todos os lados me ressoou ao redor: titubeiam um pouco meus olhares; contra esse luxo mais facilmente levanto o pensamento que os olhos; e assim retrocedo não pior; mas mais triste, e em meio àquelas minhas frugalidades não ando já tão satisfeito, e me vêm o remorso e a dúvida, se seriam melhores aquelas coisas. Nenhuma delas me altera. Todas, contudo, abalam-me.

10. Agrada-me seguir a força dos preceitos e entrar na vida pública; agrada-me procurar as honras e os fasces, não evidentemente seduzido pela púrpura ou pelas varas do litor, mas a fim de que eu venha a me encontrar mais preparado e mais útil frente a amigos e parentes e a todos os cidadãos e, portanto, a todos os mortais: disposto, inexperiente, sigo Zenão, Cleantes, Crísipo[3], nenhum dos quais entrou na vida pública e nenhum, todavia, a deixou.

11. Quando algo atinge minha alma não acostumada aos embates, quando algo ocorre indigno, como em toda a vida

---

[2] Escola para escravos de elite, destinados a tarefas mais intelectuais.

[3] Filósofos gregos, principais representantes do estoicismo (cf. INTRODUÇÃO).

sunt, aut parum ex facili flens, aut multum temporis res non magno aestimandae poposcerunt, ad otium convertor, et, quemadmodum pecoribus, fatigatis quoque, velocior domum gradus est.

12. Placet intra parietes rursus vitam coercere: nemo ullum auferat diem, nihil dignum tanto impendio redditurus; sibi ipse animus haereat, se colat, nihil alieni agat, nihil quod ad iudicem spectet; ametur expers publicae privataeque curae tranquillitas.

13. Sed, ubi lectio fortior erexit animum et aculeos subdiderunt exempla nobilia, prosilire libet in forum, commodare alteri vocem, alteri operam, etiam si nihil profuturam, tamen conaturam prodesse, aliculus coercere in foro superbiain male secundis rebus elati.

14. In studiis puto mehercules melius esse res ipsas intueri et harum causa loqui, ceterum verba rebus permittere, ut qua duxerint, hac inelaborata sequatur oratio. Quid opus est saeculis duratura componere? Vis tu non id agere, ne te posteri taceant! Morti natus es: minus molestiarum habet funus tacitum. Itaque occupandi temporis causa in usum tuum, non in praeconium, aliquid simplici stilo scribe: minore labore opus est studentibus in diem.

15. Rursus, ubi se animus cogitationum magnitudine levavit, ambitiosus in verba est altiasque ut spirare, ita eloqui

humana muitas coisas são, ou de difícil solução, ou quando muito tempo solicita-me algo que não merece demoradas apreciações, volto ao ócio e, assim, como acontece aos animais, ainda que fatigados, retorno mais veloz para casa.

12. Agrada-me, entre as paredes de casa, novamente encerrar a vida: Que ninguém me tire um só dia, pois ninguém me haverá de ressarcir de tanto dispêndio, ela que em si própria esteja apoiada, que se cultive, que não persiga nada alheio, que contemple algo para criticar; que seja amada a tranquilidade livre de preocupação pública e privada.

13. Mas, logo que uma leitura mais recomendável exalta-me a alma e exemplos nobres atiçam-me seus aguilhões, agrada-me ir ao foro, obsequiar a um com a minha palavra, a outro com o meu trabalho que, não vindo, ainda, a servir de nada, será feito, ao menos, com a intenção de ser útil; agrada-me também conter no foro a soberba de algum homem indevidamente enaltecido em sua prosperidade.

14. Nos estudos penso, por Hércules ser melhor observar as próprias matérias e falar movido por elas, a elas deixando ir as palavras, de maneira que, por onde quer que tenham conduzido aquelas, siga-as espontaneamente o discurso. De que serve compor obras destinadas a durar séculos? Acaso não desejas tu fazê-lo para que a posteridade não silencie sobre ti? Para a morte nasceste: menos enfado tem o funeral silencioso. Pois então escreve para ocupar o tempo em teu proveito, com estilo simples e sem afetação: de menor labor necessitam os que trabalham para o dia.

15. Quando minha alma novamente se alça a pensamentos elevados, é ambiciosa em relação às palavras e, como aspira a coisas mais altas, assim lhe apraz falar e, à dignidade dos assuntos, eleva-se a linguagem. Esquecido então da lei e do

gestit, et ad dignitatem rerum exit oratio. Oblitus tum legis pressiorisque iudicii, sublimius feror et ore iam non meo.

16. Ne singula diutius persequar, in omnibus rebus haec me sequitur bonae mentis infirmitas, cui ne paulatim defluam vereor, aut, quod est sollicitius, ne semper casuro similis pendeam et plus fortasse sit quam quod ipse pervideo. Familiariter enim domestica aspicimus, et semper iudicio favor officit.

17. Puto multos potuisse ad sapientiam pervenire, nisi putassent se pervenisse, nisi quaedam in se dissimulassent, quaedam opertis oculis transiluissent. Non est enim quod magis aliena iudices adulatione nos perire quam nostra. Quis sibi verum dicere ausus est? quis non, inter laudantium blandientiumque positus greges, plurimum tamen sibi ipse assentatus est?

18. Rogo itaque, si quod habes remedium quo hanc fluctuationem meam sistas, dignum me putes qui tibi tranquillitatem debeam. Non esse periculosos hos motus animi nec quicquam tumultuosi afferentes scio; ut vera tibi similitudine id de quo queror cxprimam, non tempestate vexor, sed nausea: detrahe ergo quicquld hoc est mali, et succurre in conspectu terrarum laboranti.

II

1. Quaero mehercules iamdudum, Serene, ipse tacitus, cui talem affectum animi similem putem, nec ulli propius admoverim exemplo quam eorum qui, ex longa et gravi valetudine expliciti, motiunculis levibusque interim offensis

juízo, de modo mais sublime sou transportado e já por boca não minha.

16. Para não prolongar mais tempo cada coisa, em todas me segue essa inconstância da boa intenção, inconstância em que temo escorregar pouco a pouco, ou, o que é mais inquietante, pender sempre como quem vai cair — e me pergunto `então´ se talvez este meu caso seja mais grave do que eu próprio reconheço. Pois olhamos com afeto nossas coisas particulares, e a autoestima sempre nos prejudica o julgamento.

17. Penso que muitos teriam podido chegar à sabedoria, se não pensassem já ter chegado, se não tivessem dissimulado em si certas coisas, se não tivessem passado por outras com os olhos fechados. Pois não é pela adulação alheia, mais do que pela nossa, que nos prejudicamos. Quem ousou dizer a si a verdade? Quem, entre multidões de louvadores e aduladores, muitíssimo não aprovou totalmente a si próprio?

18. Assim então rogo, se tens algum remédio com que cesses essa minha flutuação, digno me julgues de dever-te a tranquilidade. Sei que não são perigosos esses movimentos de alma, nem trazem algo de tumultuoso: para que eu te exprima em correta comparação o de que me queixo, digo-te que não sou agitado pela tempestade, mas pela náusea. Arranca, portanto, o que quer que isso seja de mal, e socorre ao que sofre à vista de terras.

II

1. Sêneca: Procuro há muito, por Hércules, eu próprio em silêncio, Sereno, o com que se parece tal estado de alma, e não vejo exemplo que mais se lhe aproxime do que o daqueles que, desembaraçados de longa e grave doença, são impressionados por leves acessos de febre e, mesmo depois de

perstringuntur et, cum reliquias effugerunt, suspicionibus tamen inquietantur medicisque iam sani manum porrigunt et omnem calorem corporis sul calumniantur. Horum, Serene, non parum sanum est corpus, sed sanitati parum assuevit, sicut est quidam tremor etiam tranquilli maris motusque, cum ex tempestate requievit.

2. Opus est itaque non illis durioribus, quae iam transcucurrimus, ut alicubi obstes tibi, alicubi irascaris, alicubi instes gravis, sed illo quod ultimum venit, ut fidem tibi habeas et recta ire te via credas, nihil avocatus transversis multorum vestigiis passim discurrentium, quorundam circa ipsam errantium viam.

3. Quod desideras autem magnum et summum est deoque vicinum, non concuti. Hanc stabilem animi sedem Graeci euthymian vocant, de qua Democriti volumen egregium est, ego tranquillitatem voco: nec enim imitari et transferre verba ad illorum formam necesse est; res ipsa de qua agitur aliquo signanda nomine est, quod appellationis graecae vim debet habere, non faciem.

4. Ergo quaerimus quomodo animus semper aequali secundoque cursu eat propitiusque sibi sit et sua laetus aspiciat et hoc gaudium non interrumpat, sed placido statu maneat, nec attollens se umquam nec deprimens. Id tranquillitas erit. Quomodo ad hanc perveniri possit in universum quaeramus; sumes tu ex publico remedio quantum voles.

5. Totum interim vitium in medium protrahendum est, ex quo agnoscet quisque partem suam. Simul tu intelleges quanto minus negotii habeas cum fastidio tui quam ii quos,

afugentarem os resquícios desse mal, inquietam-se, todavia, com suspeitas e, já curados, estendem aos médicos o pulso e interpretam mal qualquer elevação de temperatura de seus corpos. Desses, Sereno, o corpo não está pouco são, mas pouco habituado à saúde, assim como no mar tranquilo há também certa agitação, mesmo quando o movimento proveniente da tempestade se tenha amainado.

2. E assim não são necessárias aquelas coisas mais duras pelas quais já temos passado — a saber: resistir a ti mesmo, encolerizar-te, ameaçar-te —, mas é necessário aquilo de vem por último: que tenhas confiança em ti mesmo e creias que vás pela via reta, em nada desviado por pegadas transversais de muitos que correm por aqui, por ali, alguns dos quais se desviam junto à mesma via.

3. O que desejas aliás é coisa grande e elevada, e próxima do divino: não ser abalado. A esse equilíbrio da alma os gregos chamam de *euthymia*, sobre o que há um volume egrégio de Demócrito; quanto a mim, chamo de tranquilidade: pois não é necessário imitar e traduzir as palavras segundo a forma dos gregos; trata-se, não do aspecto, mas da ideia mesma, que tem de ser assinalada por algum nome que deve ter o significado da denominação grega.

4. Procuramos saber, portanto, de que modo a alma poderá ir sempre com curso igual e favorável e, sendo mais propicia a si mesma, atentar para as suas coisas, não interrompendo esse gáudio, mas permanecendo em estado plácido, sem se exaltar alguma vez nem se deprimir. Isso será a tranquilidade. Procuremos de que modo, em geral, se possa chegar até ela; tomarás tu quanto quiseres do remédio publico.

5. Entrementes deve-se revelar, no interesse geral, todo o vício, do qual conhecerá cada um a sua parte. Ao mesmo tempo tu entenderás em que proporção te ocuparás menos com

ad professionem speciosam alligatos et sub ingenti titulo laborantes, in sua simulatione pudor magis quam voluntas tenet.

6. Omnes in eadem causa sunt, et hi qui levitate vexantur ac taedio assiduaque mutatione propositi, quibus semper magis placet quod reliquerunt, et illi qui marcent et oscitantur. Adice eos qui non aliter quam quibus difficilis somnus est versant se et hoc atque illo modo componunt, donec quietem lassitudine inveniant: statum vitae suae reformando subinde, in eo novissime manent, in quo illos non mutandi odium, sed senectus ad novandum pigra deprehendit. Adice et illos, qui non constantiae vitio parum lenes sunt, sed inertiae, et vivunt non quomodo volunt, sed quomodo coeperunt.

7. Innumerabiles deinceps proprietates sunt, sed unus effectus vitii, sibi displicere. Hoc oritur ab intemperie animi et cupiditatibus timidis aut parum prosperis, ubi aut non audent quantum concupiscunt aut non consequuntur, et in spem toti prominent. Semper instabiles mobilesque sunt, quod necesse est accidere pendentibus. Ad vota sua omni via tendunt et inhonesta se ac difficilia docent coguntque, et, ubi sine praemio labor est, torquet illos irritum dedecus, nec dolent prava, sed frustra voluisse.

8. Tunc illos et paenitentia coepti tenet et incipiendi timor, subrepitque illa animi iactatio non invenientis exitum, quia nec imperare cupiditatibus suis nec obsequi possunt, et cunctatio vitae parum se explicantis et inter destituta vota torpentis animi situs.

o fastio de ti do que aqueles que estão ligados a uma profissão pomposa, fatigados sob um grande titulo, aos quais a vergonha mais do que a vontade mantém em sua simulação.
6. Todos estão no mesmo caso, tanto esses que são atormentados por sua inconstância, pelo tédio e pela contínua mudança de propósito, aos quais sempre mais agrada o que deixaram, como aqueles que definham e bocejam. Acrescenta os que se viram de um a outro lado, como os que têm o sono difícil, e deste e daquele modo arranjam-se até que pelo cansaço encontrem a quietude: reformando sucessivamente o estado de sua vida, permanecem por último naquele em que os surpreende não a aversão à mudança, mas a velhice preguiçosa para a inovação. Acrescenta também aqueles que são poucos firmes, não por serem constantes no vício, mas por serem inertes, e vivem não do modo como querem, mas do modo como começaram a viver.
7. Depois, são inumeráveis as propriedades, mas um só o efeito do vício: desagradar a si mesmo. Isso nasce da incontinência da alma e dos desejos tímidos ou pouco prósperos, quando não ousam quanto cobiçam ou não conseguem, e se elevam tão-somente em esperança. Sempre são instáveis e movediços, o que é forçoso acontecer aos irresolutos. Por todos os caminhos tendem a seus desejos e a si mesmos ensinam e obrigam coisas desonestas e difíceis e, quando o esforço é infrutífero, atormenta-os sua infrutuosa vergonha e não lamentam ter querido o mal, mas sim tê-lo querido em vão.
8. Então os invade tanto o arrependimento de haver empreendido como o temor de empreender, e se lhes insinua aquela agitação da alma que não encontra saída, porque nem podem comandar seus desejos nem servir a eles, e a indecisão de uma vida que se desenvolve pouco e o entorpecimento da alma situada entre seus desejos abandonados.

9. Quae omnia graviora sunt ubi odjo infelicitatis operosae ad otium perfugerunt ac secreta studia, quae pati non potest animus ad civilia erectus agendique cupidus et natura inquies, parum scilicet in se solaciorum habens. Ideo, detractis oblectationibus quas ipsae occupationes discurrentibus praebent, domum, solitudinem, parietes non fert; invitus aspicit se sibi relictum.

10. Hinc illud est taedium et displicentia sui et nusquam residentis animi volutatio et otii sui tristis atque aegra patientia, utique ubi causas fateri pudet et tormenta introrsus egit verecundia, in angusto inclusae cupiditates sine exitu se ipsae strangulant; inde maeror marcorque et mille fluctus mentis incertae, quam spes inchoatae suspensam habent, deploratae tristem; inde ille affectus otium suum detestantium querentiumque nihil ipsos habere quod agant, et alienis incrementis inimicissima invidia (alit enim livorem infelix inertia et omnes destrui cupiunt, quia se non potuere provehere);

11. Ex hac deinde aversatione alienorum processuum et suorum desperatione obirascens fortunae animus et de saeculo querens et in angulos se retrahens et poenae incubans suae, dum illum taedet sui pigetque. Natura enim humanus animus agilis est et pronus ad motus. Grata omnis illi excitandi se abstrahendique materia est, gratior pessimis quibusque ingeniis, quae occupationibus libenter deteruntur: ut ulcera quaedam nocituras manus appetunt et tactu gaudent et foedam corporum scabiem delectat quicquid exasperat, non

9. Essas coisas todas são mais graves, quando, por ódio da sua infelicidade laboriosa refugiaram-se no ócio e nos estudos solitários, aos quais não pode suportar uma alma elevada às coisas civis, desejosa de agir e inquieta por natureza, evidentemente pouco consolo encontrado em si mesmo. Por isso, tiradas as distrações que as próprias ocupações proporcionam aos que andam entre elas, o homem não suporta a casa, a solidão, as paredes e, contra sua vontade, ele se vê abandonado a si mesmo.

10. Daqui aquele tédio e descontentamento de si, a agitação da alma que nunca para, e a triste e aflita paciência de sua própria inanição, sobretudo quando envergonha confessar as causas e o pudor mantém dentro os tormentos: encerrados nesse aperto, os desejos estrangulam-se a si mesmos sem saída; daí a tristeza e abatimento e as mil flutuações da mente incerta, a quem as esperanças iniciadas mantém suspensa, as fracassadas mantém triste; daí aquela disposição dos que detestam seu ócio e se queixam de nada ter para fazer, e a inveja inimicíssima dos sucessos alheios (pois a infeliz indolência alimenta a inveja, e desejam que todos se desfrutam, porque eles não puderam progredir);

11. Dessa aversão aos progressos alheios e do desespero pelos fracassos próprios, a alma irrita-se contra a fortuna e se queixa do século, retraindo-se pelos cantos e absorvendo-se em sua pena, enquanto está farta e desgostosa de si mesma. Com efeito a alma humana é, por natureza, ágil e dada a movimentos. Agradável lhe é todo assunto que a excite e a distraia, e mais agradável aos nascidos de péssima cabeça que, de bom grado, se deterioram pelas ocupações: como certas úlceras apetecem as mãos que hão de prejudicar e se regozijam, pelo tato, e o que quer que deleite e exaspere a horrível aspereza dos corpos; não diria outra coisa dessas mentes para

aliter dixerim his mentibus, in quas cupiditates velut mala ulcera eruperunt, voluptati esse laborem vexationemque.

12. Sunt enim quaedam quae corpus quoque nostrum cum quodam dolore delectent, ut versare se et mutare nondum fessum latus et alio atque alio positu ventilari: qualis ille homericus Achilles est, modo pronus, modo supinus, in varios habitus se ipse componens, quod proprium aegri est, nihil diu pati et mutationibus ut remediis uti.

13. Inde peregrinationes suscipiuntur vagae et litora pererrantur et modo mari se, modo terra experitur semper praesentibus infesta levitas: "Nunc Campaniam petamus." Iam delicata fastidio sunt: "Inculta videantur, Bruttios et Lucaniae saltus persequamur." Aliquid tamen inter deserta amoeni requiritur, in quo luxuriosi oculi longo locorun horrentium squalore releventur: "Tarentum petatur laudatusque portus et hiberna caeli mitioris et regio vel antiquae satis opulenta turbae.... Iam flectamus cursum ad Urbem: nimis diu a plausu et fragore aures vacaverunt, iuvat iam et humano sanguine frui."

14. Aliud ex alio iter suscipitur et spectacula spectaculis mutantur. Ut ait Lucretius:

Hoc se quisque modo semper fugit.

Sed quid prodest, si non effugit? Sequitur se ipse et urget gravissimus comes.

15. Itaque scire debemus non locorum vitium esse quo laboramus, sed nostrum: infirmi sumus ad omne tolerandum, nec laboris patientes nec voluptatis nec nostri nec ullius rei diutius. Hoc quosdam egit ad mortem: quod proposita saepe

as quais os desejos brotaram como úlceras más: terem volúpia o tormento e a vocação.

12. Há, pois, certas coisas que também ao nosso corpo deleitam com alguma dor, como voltar-se e mudar o lado ainda não fatigado e ser refrescado por outra posição: tal qual aquele homérico Aquiles, ora de bruços, ora de costas, dispondo-se ele mesmo em várias posturas, porque é próprio do doente não suportar nada por muito tempo e usar como remédios as mudanças.

13. Daí empreender peregrinações vagas e percorrer litorais e, ora no mar, ora na terra, experimentar a mobilidade sempre inimiga das circunstâncias presentes: "Vejam-se regiões selvagens, exploremos os Brutios e as florestas da Lucânia". Entre esses desertos, busca-se, todavia, algo ameno, em que os olhos lascivos aliviem-se da longa aspereza dos lugares horrendos: "Que se dirija a Tarento e se lhe louve o porto, o clima hibernal de céu mais doce e a região ainda bastante opulenta para sua antiga turba... Logo então retornamos a Roma: demasiado tempo os ouvidos estão carentes do aplauso e do fragor; apraz agora gozar também de sangue humano".

14. Uma viagem sucede a outra e espetáculos são trocados por espetáculos. Como diz Lucrécio:

Deste modo cada um sempre foge de si[4]

Mas que aproveita, se não foge? Ele segue a si mesmo, e o molesta o mais pesado companheiro.

15. E assim devemos saber que não é dos lugares o mal de que sofremos, mas de nós: fracos somos para suportar tudo, e não somos pacientes quanto aos trabalhos nem quanto aos prazeres nem quanto a nós mesmos, nem quanto a coisa alguma por mais tempo. Isso levou alguns à morte: porque,

---
[4] De *rerum natura* III, 1066. Sêneca acrescentou a palavra *semper*.

mutando in eadem revolvebantur et non reliquerant novitati locum, fastidio esse illis coepit vita et ipse mundus, et subiit illud tabidarum deliciarum: "Quousque eadem?"

III

1. Adversus hoc taedium quo auxillo putem utendum quaeris. Optimum erat, ut ait Athenodorus, actione rerum et rei publicae tractatione et officiis civilibus se detinere. Nam, ut quidam sole atque exercitatione et cura corporis diem educunt athletisque longe utilissimum est lacertos suos roburque, cui se uni dicaverunt, maiore temporis parte nutrire, ita nobis, animum ad rerum civilium certamen parantibus, in opere esse nostro longe pulcherrimum est: nam, cum utilem se efficere civibus mortalibusque propositum habeat, simul et exercetur et proficit qui in mediis se officiis posuit, communia privataque pro facultate administrans.

2. "Sed, quia in hac, inquit, tam insana hominum ambitione, tot calumniatoribus in deterius recta torquentibus, parum tuta simplicitas est et plus futurum semper est quod obstet quam quod succedat, a foro quidem et publico recedendum est. Sed habet ubi se etiam in privato laxe explicet magnus animus, nec, ut leonum animaliumque impetus caveis coercetur, sic hominum, quorum maximae in seducto actiones sunt.

3. Ita tamen delituerit, ut, ubicumque otium suum absconderit, prodesse velit singulis universisque ingenio, voce,

mudando frequentemente de propósito, voltavam ao mesmo e não haviam deixado lugar à novidade, fastio começou-lhes a ser a vida e o próprio mundo, e lhes sobreveio aquilo que é próprio das cansadas delicias: "Até quando as mesmas coisas?".

III

1. Procuras saber que auxílio, segundo meu juízo, deve-se empregar contra esse tédio. O melhor era como diz Atenodoro, ocupar-se com a ação das coisas tanto no trato da república como nos deveres civis. Pois, como alguns passam o dia cuidando do corpo com sol e exercício, e aos atletas é, de longe, o mais útil alimentar, a maior parte do tempo, seus músculos e a robustez a que unicamente se dedicaram, assim para nós, que preparamos a alma para a luta dos assuntos civis, estar em nosso trabalho é de longe a mais bela coisa; com efeito, ao ter em vista o tornar-se útil aos cidadãos e aos mortais, aquele que se pôs em meio a atividades, administrando segundo sua possibilidade os assuntos comuns e os particulares, acaba por exercitar-se e progredir a um tempo.
2. "Mas porque nesta", diz ele, "tão insana ambição dos homens, com tantos caluniadores a distorcerem as coisas corretas, pouco segura está a sinceridade e, uma vez que haverá sempre mais dificuldades do que sucessos, do foro, de certo, e do cargo público deve afastar-se. Mas até no particular uma alma elevada tem onde se desenvolver largamente, e não é porque o ímpeto de leões e animais refreiam-se com jaulas, que assim seria com o dos homens, cujas maiores ações realizam-se em local apartado.
3. Assim, todavia, ter-se-á ocultado, de modo que, onde quer que houver escondido seu ócio, quererá ser útil aos indivíduos e a todos com seu engenho, vós, conselho. Pois à

consilio. Nec enim is solus rei publicae prodest, qui candidatos extrahit et tuetur reos et de pace belloque censet; sed qui iuventutem exhortatur, qui in tanta bonorum praeceptorum inopia virtutem insinuat animis, qui ad pecuniam luxuriamque cursu ruentes prensat ac retrahit et, si nihil aliud, certe moratur, in privato publicum negotium agit.

4. An ille plus praestat, qui inter peregrinos et cives aut urbanus praetor adeuntibus assessoris verba pronuntiat, quam qui quid sit iustitia, quid pietas, quid patientia, quid fortitudo, quid mortis contemptus, quid deorum intellectus, quam gratuitum bonum sit bona conscientia?

5. Ergo, si tempus in studia conferas quod subduxeris offlciis, non deserueris nec munus detractaveris: neque enim ille solus militat qui in acie stat et cornu dextrum laevumque defendit, sed et qui portas tuetur et statione minus periculosa, non otiosa tamen fungitur vigiliasque servat et armamentario praeest quae ministeria, quamvis incruenta sint, in numerum stipendiorum veniunt.

6. Si te ad studia revocaveris, omne vitae fastidium effugeris, nec noctem fieri optabis taedio lucis, nec tibi gravis eris nec aliis supervacuus; multos in amicitiam attrahes affluetque ad te optimus quisque. Numquam enim, quamvis obscura, virtus latet, sed mittit sui signa: quisquis dignus fuerit vestigiis illam colliget.

7. Nam, si omnem conversationem tollimus et generi humano renuntiamus vivimusque in nos tantum conversi, sequetur hanc solitudinem omni studio carentem inopia

república não é útil somente aquele que apadrinha candidatos, defende réus e opina sobre a paz e a guerra; mas ocupa-se, no particular, de assunto público também aquele que exorta a juventude, aquele que em meio à tamanha falta de bons preceptores insinua às almas virtude, aquele que segura e afasta os que se precipitam ao dinheiro e à luxúria e, se não o consegue de tudo, pelo menos os retarda.

4. Acaso aquele pretor que entre os estrangeiros e os cidadãos profere suas sentenças, ou, ainda, o pretor urbano, que aos que se aproximam pronuncia as palavras do assessor, acaso são eles mais úteis do que aquele que pronuncia o que é a justiça, o que é a piedade, o que é a paciência, o que é a coragem, o que é o desprezo da morte, o que é o conhecimento dos deuses, e que bem tão gratuito é a consciência?

5. Por consequência, caso consagres aos estudos o tempo de que hajas subtraído aos serviços, não terás desertado nem terás recusado teu dever: pois não somente milita quem permanece de pé na linha de frente e defende a ala direita e a esquerda, mas também quem defende as portas e desempenha missão em posto perigoso, todavia não sem trabalho, vigia durante a noite e guarda o arsenal; esses misteres, embora sejam incruentos, ao número dos serviços militares acorrem.

6. Se te houveres aplicado aos estudos, terás evitado todo fastio da vida, não desejarás a chegada da noite por causa do tédio do dia, nem a ti serás pesado nem aos outros inútil; atrairás a muitos para a tua amizade, e os melhores afluirão a ti. Pois a virtude, ainda que obscura, nunca se esconde, mas envia de si sinais: quem quer que dela houver sido digno a conhecerá pelos vestígios.

7. Com efeito, se tolhemos toda conversação e renunciamos ao gênero humano e vivemos concentrados apenas em nós, seguirá a essa solidão, carente de todo desejo, a falta

rerum agendarum: incipiemus aedificia alia ponere, alia subvertere, et mare summovere et aquas contra difficultatem locorum educere, et male dispensare tempus quod nobis natura consumendum dedit.

8. Alii parce illo utimur, alii prodige; alii sic impendimus ut possimus rationem reddere, alii ut nullas habeamus reliquias, qua re nihil turpius est. Saepe grandis natu senex nullum aliud habet argumentuum quo se probet diu vixisse, praeter aetatem."

IV

1. Mihi, carissime Serene, nimis videtur summisisse temporibus se Athenodorus, nimis cito refugisse. Nec ego negaverim aliquando cedendum, sed sensim relato gradu et salvis signis, salva militari dignitate: sanctiores tutioresque sunt hostibus suis qui in fidem cum armis veniunt.

2. Hoc puto virtuti faciendum studiosoque virtutis: si praevalebit fortuna et praecidet agendi facultatem, non statim aversus inermisque fugiat, latebras quaerens, quasi ullus locus sit quo non possit fortuna persequi, sed parcius se inferat officiis et cum dilectu inveniat aliquid in quo utilis civitati sit.

3. Militare non licet: honores petat. Privato vivendum est: sit orator. Silentium indictum est: tacita advocatione cives iuvet. Periculosum etiam ingressu forum est: in domibus, in spectaculis, in conviviis bonum contubernalem, fidelem

de coisas a fazer: começaremos a construir uns edifícios, a demolir outros, e a invadir o mar e a conduzir águas contra a dificuldade dos locais, e a dispensar mal o tempo que a natureza nos deu para ser consumido. **8.** Dentre nós, uns empregam parcamente esse tempo, outros prodigamente, uns o despedem assim: de maneira que possam justificar, outros sem deixar dele resquício algum, e nada é mais torpe que isso. Muitas vezes um velho de muitos anos nenhum outro argumento tem, além da idade, com que prove haver vivido muito tempo".

IV

1. A mim, caríssimo Sereno, parece ter Atenodoro se submetido demasiado às circunstâncias e muito depressa ter-se retirado. Eu não teria negado que alguma vez cumpre ceder, mas pouco a pouco, com passo lento, salvas as bandeiras, salva a dignidade militar: são mais respeitáveis para seus inimigos e estão mais seguros os que se rendem com as armas. **2.** Isso, penso, deve ser feito pela virtude e pelo dedicado à virtude: se a fortuna prevalecer e lhe tolher a faculdade de agir, que ele não fuja imediatamente, voltando-se desarmado e buscando abrigos — como se algum local houvesse em que a fortuna não poderia persegui-lo —, mas que ele mais reservadamente se deixe levar às atividades e com critério encontre algo em que seja útil à cidade. **3.** A carreira militar não é permitida? Que ele procure as magistraturas. Deve-se reduzir à vida privada? Que ele seja orador. O silêncio é indicado? Que ele, calado, ajude os cidadãos. Perigoso ainda é o acesso ao foro? Nas casas, nos espetáculos, nos banquetes, que ele persiga o bom companheiro,

amicum, temperantem convivam agat. Officia civis amisit: hominis exerceat.

4. Ideo magno animo nos non unius urbis moenibus clusimus, sed in totius orbis commercium emisimus patriamque nobis mundum professi sumus, ut liceret latiorem virtuti campum dare. Praeclusum tibi tribunal est et rostris prohiberis aut comitiis: respice post te quantum latissimarum regionum pateat, quantum populorum. Numquam ita tibi magna pars obstruetur, ut non maior relinquatur.

5. Sed vide ne totum istud tuum vitium sit. Non vis enim nisi consul aut prytanis aut ceryx aut sufes administrare rem publicam. Quid si militare nolis nisi imperator aut tribunus? Etiam si alii primam frontem tenebunt, te sors inter triarios posuerit, inde voce, adhortatione, exemplo, animo milita: praecisis quoque manibus, ille in proelio invenit quod partibus conferat, qui stat tamen et clamore iuvat.

6. Tale quiddam facias: si a prima te rei publicae parte fortuna summoverit, stes tamen et clamore iuves, et, si quis fauces oppresserit, stes tamen et silentio iuves. Numquam inutilis est opera civis boni: auditus est visusque. Vultu, nutu, obstinatione tacita incessuque ipso prodest.

7. Ut salutaria quaedam citra gustum tactumque odore proficiunt, ita virtus utilitatem etiam ex longinquo et latens fundit: sive spatiatur et se utitur suo iure, sive precarios habet excessus cogiturque vela contrahere, sive otiosa mutaque est et anguste circumsaepta, sive adaperta, in quocumque habitu

o fiel e moderado amigo. Perdeu os deveres de cidadão? Que exerça os de homem.

4. Por isso, com grandeza de ânimo, nós nos temos encerrado nas muralhas de uma única cidade, mas nos temos lançado em comunicação com todo o orbe e temos professado ser o mundo a nossa pátria, para que nos fosse possível dar à virtude mais amplo campo de ação. Impedido te foi o tribunal e estás proibido do acesso às tribunas ou aos comícios: olha para trás de ti quantas vastíssimas regiões te estejam abertas, quantos povos: nunca te será fechada uma parte assim tão grande que não te fique outra ainda maior:

5. Mas vê que isso não seja culpa tua. Pois não queres servir à república a não ser como cônsul ou pritane ou cérice ou súfete. Não quererias combater a não ser como general ou tribuno? Ainda se outros se mantiverem na primeira fila e a sorte te houver posto entre os triários, combate desde já com a voz, com a exortação, com o exemplo, com o ânimo: até com as mãos cortadas encontra na peleja algo que traga aos partidários quem afinal permanece firme e ajuda com seu grito.

6. Que tal coisa faças: se a fortuna te houver afastado dos primeiros postos da república, que permaneças firme todavia e ajudes com teu clamor e, se alguém te aperta a garganta, que permaneças firme ainda e ajudes com teu silêncio. Nunca é inútil a atividade do bom cidadão: ele é ouvido e visto. Com o vulto, com gesto, com a obstinação tácita e com a própria maneira de andar ele serve.

7. Como certos medicamentos que, sem serem tomados ou tocados, aproveitam pelo odor, assim a virtude difunde sua utilidade mesmo à distância e sem se mostrar: quer se alargue e use de seu direito, quer precárias tenha as saídas e seja obrigada a contrair as velas, quer esteja ociosa e muda, e estreitamente cercada, quer totalmente aberta, em qualquer

est, proficit. Quid tu parum utile putas exemplum bene quiescentis?

8. Longe itaque optimum est miscere otium rebus, quotiens actuosa vita impedimentis fortuitis aut civitatis condicione prohibebitur; numquam enim usque eo interclusa sunt omnia, ut nulli actioni locus honestae sit.

V

1. Numquid potes invenire urbem miseriorem quam Atheniensium fuit, cum illam triginta tyranni divellerent? Mille trecentos cives, optimum quemque, occiderant, nec finem ideo faciebant, sed irritabat se ipsa saevitia. In qua civitate erat Areos pagos, religiosissimum iudicium, in qua senatus populusque senatui similis, coibat cotidie carnificum triste collegium et infelix curia tyrannis augusta. Poteratne illa civitas conquiescere, in qua tot tyranni erant quot satellites essent? Ne spes quidem ulla recipiendae libertatis animis poterat offerri, nec ulli remedio locus apparebat contra tantam vim malorum: unde enim miserae civitati tot Harmodios?

2. Socrates tamen in medio erat, et lugentes patres consolabatur, et desperantes de re publica exhortabatur, et divitibus opes suas metuentibus exprobrabat seram periculosae avaritiae paenitentiam, et imitari volentibus magnum circumferebat exemplar, cum inter triginta dominos liber incederet.

situação, ela aproveita. Por que tu consideras pouco útil o exemplo daquele que repousa bem?

8. E assim é muito melhor mesclar aos negócios o ócio, tantas vezes quantas a possibilidade de uma vida ativa for vetada por impedimentos fortuitos ou pela condição da cidade; pois nunca se fecham todas as coisas a ponto de não haver lugar para uma ação honesta.

V

1. Acaso podes encontrar cidade mais infeliz que a dos atenienses quando a despedaçavam os trinta tiranos? Mataram mil e trezentos cidadãos, cada qual o melhor, e nem por isso paravam, mas se lhes excitava a própria crueldade. Nessa cidade havia o Areópago, o mais escrupuloso dos tribunais, havia um senado e um povo semelhante ao senado; reunia-se diariamente o triste colégio dos algozes e a desgraçada cúria, augusta aos tiranos. Podia descansar aquela cidade em que havia tantos tiranos quantas fossem as escolhas? Nem sequer alguma esperança de recuperar a liberdade podia ser oferecida às almas, e não aparecia lugar a remédio algum contra tão graves males: donde, pois, brotaram a essa infeliz cidade tantos Harmódios?

2. Sócrates, entretanto, estava lá no meio, e consolava os senadores que choravam, e exortava os que desesperavam da república, exprobava os ricos que tinham por suas riquezas a tardia penitência da perigosa avareza, e, aos que o queriam imitar, espalhava um grande exemplo, quando em meio a trinta senhores andava livre.

3. Hunc tamen Athenae ipsae in carcere occiderunt, et qui tuto insultaverat agmini tyrannorum, eius libertatem libertas non tulit: ut scias et in afflicta re publica esse occasionem sapienti viro ad se proferendum, et in florenti ae beata petulantium, invidiam, mille alia inertia vitia regnare.

4. Utcumque ergo se res publica dabit, utcumque fortuna permittet, ita aut explicabimus nos aut contrahemus, utique movebimus nec alligati metu torpebimus. Immo ille vir fuerit, qui, periculis undique imminentibus, armis circa et catenis frementibus, non alliserit virtutem nec absconderit: non est enim servare se obruere.

5. Ut opinor, Curius Dentatus aiebat malle esse se mortuum quam vivere: ultimum malorum est e vivorum numero exire antequam moriaris. Sed faciendum erit, si in rei publicae tempus minus tractabile incideris, ut plus otio ac litteris vindices, nec aliter quam in periculosa navigatione subinde portum petas, nec exspectes donec res te dimittant, sed ab illis te ipse diiungas.

VI

1. Inspicere autem debebimus primum nosmet ipsos, deinde ea quae aggrediemur negotia, deinde eos quorum causa aut cum quibus.

2. Ante omnia necesse est se ipsum aestimare, quia fere plus nobis videmur posse quam possumus: alius eloquentiae

3. A esse homem, todavia, a própria Atenas matou no cárcere: a liberdade não tolerou a liberdade daquele que tranquilamente havia insultado um exército de tiranos. Saibas assim que também na afligida república tem o homem sábio ocasião para manifestar-se, e que na república florescente e feliz a sevicia a inveja, mil outros vícios fracos reinam.
4. Logo, como quer que se apresente a república, como quer que nos permita a fortuna, assim nos desenvolveremos ou nos acolheremos, mas de qualquer modo nos moveremos sem nos entorpecer pela atadura do medo. Mas homem mesmo será aquele que, com perigos iminentes de todas as partes, com ruído das armas ao redor e das cadeias, não terá despedaçado a virtude nem a terá escondido: pois enterrar-se não é conservar-se.
5. Segundo penso, Cúrio Dentato dizia preferir ser morto a viver morto: o pior dos males é sair do número dos vivos antes de morrer. Mas o que haverá de ser feito, se te encontrares em época menos dócil da república, é consagrares-te mais ao ócio e às letras, não diferentemente do que em perigosa navegação seguidamente te dirijas a um porto, nem que esperes até que os afazeres te deixem, mas que tu próprio te separes deles.

VI

1. Devemos, porém, examinar primeiro a nós mesmos. Depois os negócios que empreenderemos, por fim aqueles por causa dos quais com os quais empreenderemos.
2. Ante todas as coisas é necessário avaliar-se a si próprio, porque, em geral, nos parece podermos mais do que podemos: um escorregará pela confiança em sua eloquência, outro

fiducia prolabitur, alius patrimonio suo plus imperavit quam ferre posset, alius infirmum corpus laborioso pressit officio.

3. Quorundam parum idonea est verecundia rebus civilibus, quae firmam frontem desiderant; quorundam contumacia non facit ad aulam; quidam non habent iram in potestate, et illos ad temeraria verba quaelibet indignatio effert; quidam urbanitatem nesciunt continere nec periculosis abstinent salibus: omnibus his utilior negotio quies est. Ferox impatiensque natura irritamenta nociturae libertatis evitet.

4. Considerandum est utrum natura tua agendis rebus an otioso studio contemplationique aptior sit, et eo inclinandum quo te vis ingenii feret: Isocrates Ephorum iniecta manu a foro subduxit, utiliorem componendis monumentis historiarum ratus. Male enim respondent coacta ingenia; reluctante natura, irritus labor est.

5. Aestimanda sunt deinde ipsa quae aggredimur, et vires nostrae cum rebus quas tentaturi sumus comparandae. Debet enim semper plus esse virium in actore quam in opere: necesse est opprimant onera quae ferente maiora sunt.

6. Quaedam praeterea non tam magna sunt quam fecunda multumque negotiorum ferunt: et haec refugienda sunt, ex quibus nova occupatio multiplexque nascetur. Nec accedendum eo unde liber regressus non sit: iis admovenda manus est, qùorum finem aut facere aut certe sperare possis relinquenda, quae latius actu procedunt nec ubi proposueris desinunt.

7. Hominum utique dilectus habendus est, an digni sint quibus partern vitae nostrae impendamus, an ad illos

porque exigiu de seu patrimônio mais do que podia suportar, outro oprimiu seu débil corpo com laborioso fardo.

3. De alguns pouco idôneo é o respeito aos cargos públicos, que requerem uma fronte ousada, de outros a contumácia não os faz para o palácio; esses não dominam a ira, e qualquer indignação os leva a palavras temerárias; aqueles não sabem conter sua verve nem abster-se de gracejos perigosos: a todos esses mais útil é o repouso que a atividade. Que a natureza altiva e impaciente evite excitações de uma liberdade que quês fará mal.

4. Deves considerar se tua natureza é mais apta às ações ou ao estudo ocioso e à contemplação, e inclinar-te para onde te leva a força de teu gênio: com as mãos esticadas Isócrates arrancou Éforo do foro, persuadido de que esse era mais útil para compor monumentos de história. Respondem mal as naturezas forçadas: relutando a natureza, nulo é o labor.

5. Devem ser avaliados, em seguida, nossos próprios empreendimentos, e nossas forças devem ser comparadas com as coisas que haveremos de tentar. Deve, com efeito, sempre haver maior força no autor do que na obra: fardos mais pesados que seus carregadores hão de sempre oprimidos.

6. Certas coisas, além de não serem tão importantes, estão cheias de mil complicações: também essas devem ser evitadas, por causa das múltiplas ocupações a que dão origem. E não entres ali, donde não seja livre o regresso: deves aproximar a mão daquelas coisas que possas terminar ou esperes com certeza poder fazê-lo; deves deixar aquelas em que, quanto mais trabalhares, mais crescem em complicações e não terminam no ponto previsto.

7. Em todo caso, devem-se escolher dos homens os que sejam dignos de que lhes consagremos parte de nossa vida e

temporis nostri iactura perveniat: quidam enim ultro officia nobis nostra imputant.

8. Athenodorus ait ne ad cenam quidem se iturum ad eum qui sibi nihil pro hoc debiturus sit. Puto, intellegis multo minus ad eos iturum qui cum amicorum officiis paria mensa faciunt, qui fericula pro congiariis numerant, quasi in alienum honorem intemperantes sint. Deme illis testes spectatoresque, non delectabit popina secreta.

VII

1. Nihil tamen aeque oblectaucrit animum quam amicitia fidelis et dulcis. Quantum bonum est, ubi praeparata sunt pectora in quae tuto secretum omne descendat, quorum conscientiam minus quam tuam timeas, quorum sermo sollicitudinem leniat, sententia consilium expediat, hilaritas tristitiam dissipet, conspectus ipse delectet! Quos scilicet vacuos, quantum fieri poterit, a cupiditatibus eligemus: serpunt enim vitia et in proximum quemque transiliunt et contactu nocent.

2. Itaque, ut in pestilentia curandum est ne correptis iam corporibus et morbo flagrantibus assideamus, quia pericula trahemus afflatuque ipso laborabimus, ita in amicorum legendis ingeniis dabimus operam ut quam minime inquinatos assumamus: initium morbi est aegris sana miscere. Nec hoc praeceperim tibi, ut neminem nisi sapientem sequaris aut attrahas: ubi enim istum invenies, quem tot saeculis quaerimus? Pro optimo est minime malus.

considerem nosso sacrifício de tempo pois alguns até julgam que serviram a nós mesmos os serviços que lhes prestamos.
8. Atenodoro disse que não haveria de ir jantar com quem não pensasse que lhe devia algo por isso. Penso que entendes que bem menos ele haveria de ir ter com aqueles que igualam um convite aos deveres da amizade, contando por brindes as bandejas, como se a intemperança deles fosse uma honra para os convidados. Toma-lhes testemunhas e espectadores, e não os deleitará um banquete reservado.

VII

1. Não há, todavia, o que tanto tenha agradado à alma como uma amizade fiel e doce. Quão bom é quando estão preparados os corações em que com segurança se deposite todo segredo; amigos cuja consciência temas menos que a tua, cuja linguagem alivie tua solicitude, a opinião te desembarace a resolução, a alegria te dissipe a tristeza, o aspecto mesmo te deleite! A esses evidentemente escolheremos também o quanto possível isento de paixões: pois os vícios difundem-se, passam ao que está perto e o prejudicam com o contato.
2. Assim como numa epidemia, é preciso tomar cuidado para não nos aproximarmos de corpos já atacados e ardendo na doença, porque atraímos o perigo e com a própria respiração podemos sucumbir. Assim, ao escolher os amigos, esforçar-nos-emos por torná-los o menos corrompidos possível: o inicio da enfermidade é misturar os são com os doentes. Nem te preceituaria isto: que a ninguém a não ser ao sábio sigas ou atraias. Pois onde encontrarás esse que há tantos séculos procuramos? Em vez do melhor, existe o menos mau.

3. Vix tibi esset facultas dilectus felicioris, si inter Platonas et Xenophontas et illum Socratici fetus proventum bonos quaereres, aut si tibi potestas Catonianae fieret aetatis, quae plerosque dignos tulit qui Catonis saeculo nascerentur (sicut multos peiores quam umquam alias maximorumque molitores scelerum; utraque enim turba opus erat, ut Cato posset intellegi: habere debuit et bonos, quibus se approbaret, et malos, in quibus vim suam experiretur). Nunc vero, in tanta bonorum egestate, minus fastidiosa fiat electio.

4. Praecipue tamen viventur tristes et omnia deplorantes, quibus nulla non causa in querellas placet. Constet illi licet fides et benevolentia, tranquillitati tamen inimicus est comes perturbatus et omnia gemens.

VIII

1. Transeamus ad patrimonia, maximam humanarum aerumnarum materiam. Nam, si omnia alia quibus angimur compares, mortes, aegrotationes, metus, desideria, dolorum laborumque patientiam, cum iis quae nobis mala pecunia nostra exhibet, haec pars multum praegravabit.

2. Itaque cogitandum est quanto levior dolor sit non habere quam perdere, et intellegemus paupertati eo minorem tormentorum quo minorem damnorum esse materiam. Erras enim si putas animosius detrimenta divites ferre: maximis minimisque corporibus par est dolor vulneris.

3. Bion eleganter ait non minus molestum esse calvis quam comatis pilos velli. Idem scias licet de pauperibus

3. Terias a faculdade de escolha mais feliz, apenas se procurasses os bons entre os Platões e os Xenofontes e aquela fecunda descendência de Sócrates, ou se te pudesses fazer da época catoniana que produziu numerosos homens dignos de nascer no século de Catão (assim como aliás muitos homens piores do que os perpetradores dos maiores crimes; de uma e outra turba era necessário, para que Catão pudesse ser entendido: ele devia ter tanto os bons, pelos quais se aprovasse, como os maus, sobre os quais experimentasse sua força). Mas agora, em meio a tamanha carência de bons homens, menos fastidiosa se faça a escolha.

4. Evitem-se, entretanto, principalmente os tristes e os que tudo deploram, aos quais agrade todo motivo de queixa. Ainda que fiel e benévolo, é inimigo da tranquilidade, todavia, o companheiro perturbado e que geme por tudo.

VIII

1. Passemos aos patrimônios, o maior motivo das aflições humanas. Pois caso compares todas as outras coisas pelas quais somos angustiados — mortes, enfermidades, medos, desejos, sofrimento de dores e trabalhos — com os males que acarreta a nossa riqueza, essa parte pesará muito mais.

2. E, assim, deve-se considerar quão mais leve dor seja não ter o que perder, e entenderemos ter a pobreza menores tormentos por ela ter menor causa de danos. Erras, com efeito, se pensas que os ricos suportam mais bravamente as perdas: tanto aos maiores corpos como aos menores igual é a dor da ferida.

3. Bion diz com elegância que não é menos modesto aos calvos que aos cabeludos serem-lhes arrancados os pelos. O

locupletibusque, par illis esse tormentum: utrique enim pecunia sua obhaesit nec sine sensu revelli potest. Tolerabilius autem est, ut dixi, faciliusque non adquirere quam amittere, ideoque laetiores videbis quos numquam fortuna respexit quam quos deseruit.

4. Vidit hoc Diogenes, vir ingentis animi, et effecit ne quid sibi eripi posset. Tu istud paupertatem, inopiam, egestatem voca, quod voles ignominiosum securitati nomen impone: putabo hunc non esse felicem, si quem mihi alium inveneris cui nihil pereat. Aut ego fallor, aut regnum est inter avaros, circumscriptores, latrones, plagiarios unum esse cui noceri non possit.

5. Si quis de felicitate Diogenis dubitat, potest idem dubitare et de deorum immortalium statu, an parum beate degant quod nec praedia nec horti sint nec alieno colono rura pretiosa nec grande in foro faenus. Non te pudet, quisquis divitiis astupes? Respice agedum mundum: nudos videbis deos, omnia dantes, nihil habentes. Hunc tu pauperem putas an diis immortalibus similem, qui se fortuitis omnibus exuit?

6. Feliciorem tu Demetrium Pompeianum vocas, quem non puduit locupletiorem esse Pompeio? Numerus illi cotidie servorum velut imperatori exercitus referebatur, cui iamdudum divitiae esse debuerant duo vicarii et cella laxior.

mesmo convém compreenderes sobre os pobres e os ricos: ser-lhes igual o tormento, pois a uns e outros se insinuou seu dinheiro, que se lhes não pode arrancar sem que o sintam. Mais tolerável, então é, como eu disse, e mais fácil não adquirir do que perder, razão por que mais alegres verás aqueles a quem nunca contemplou a fortuna do que aqueles a quem ela abandonou.

4. Percebeu-o Diógenes, varão de grandeza de alma, e arranjou-se para que nada lhe pudesse ser arrebatado. Chama a isso pobreza, escassez, necessidade; dá a essa segurança o nome que quiseres: deixarei de pensar que Diógenes é feliz, se me encontrares algum outro que nada possa perder. Ou eu me engano ou a realeza está em ser o único a quem não se possa prejudicar entre avaros, enganadores, ladrões, plagiários.

5. Se alguém duvida da felicidade de Diógenes, pode igualmente, duvidar também do estado dos deuses imortais, se acaso passam o tempo pouco felizes, porque não tem prédios nem jardins nem campos preciosos cultivados por colono estrangeiro nem grande rendimento no foro. Não te envergonhas tu, quem quer que sejas, que ficas fascinado pelas riquezas? Vamos! Contempla o mundo: nus verás os deuses, que tudo dão e nada têm. Pensas tu ser um pobre ou um semelhante aos deuses imortais aquele que se despojou de todos os bens fortuitos?

6. Chamas mais feliz Demétrio, o liberto de Pompeu, que não se envergonhou de ser mais rico que seu senhor? Diariamente se lhe dava conta, como a um general de exército, do número de escravos, a ele para quem pouco as riquezas deviam ser dois substitutos[5] e uma cela mais larga.

---

[5] *Duo Uicarii*. Os substitutos eram escravos de categoria inferior, subordinados a outro escravo.

7. At Diogeni servus unicus fugit nec eum reducere, cum monstraretur, tanti putavit: "Turpe est, inquit, Manen sine Diogene posse vivere, Diogenen sine Mane non posse." Videtur mihi dixisse: "Age tuum negotium, Fortuna, nihil apud Diogenen iam tui est: fugit mihi servus, immo liber abii."

8. Familia petit vestiarium victumque; tot ventres avidissimorum animalium tuendi sunt, emenda vestis et custodiendae rapacissimae manus et flentium detestantiumque ministeriis utendum. Quanto ille felicior, qui nihil ulli debet nisi cui facillime negat, sibi!

9. Sed, quoniam non est nobis tantum roboris, angustanda certe sunt patrimonia, ut minus ad iniurias fortunae simus expositi. Habiliora sunt corpora in bello quae in arma sua contrahi possunt quam quae superfunduntur et undique magnitudo sua vulneribus obicit; optimus pecuniae modus est, qui nec in paupertatem cadit lice procul a paupertate discedit.

IX

1. Placebit autem haec nobis mensura si prius parsimonia placuerit, sine qua nec ullae opes sufficiunt nec ullae non satis patent, praesertim cum in vicino remedium sit et possit ipsa paupertas in divitias se, advocata frugalitate, convertere.

2. Assuescamus a nobis removere pompam et usus rerum, non ornamenta metiri. Cibus famem domet, potio sitim,

7. Ora, fugiu o único escravo de Diógenes, e ele nem pensou tampouco como aquele fosse descoberto em fazê-lo voltar: "É torpe", disse, "que Manes possa viver sem Diógenes e Diógenes não possa sem Manes". Parece-me ter ele dito: "Faze teu negócio, Fortuna: Nada junto a Diógenes agora é teu. Fugiu-me o escravo? Pelo contrário! Eu é que fiquei livre".

8. O criado familiar pede-me roupa e alimento; tantos ventres de avidíssimos animais há que sustentar, comprar-lhes vestes e custodiar-lhes as muito rapaces mãos e fazer uso dos serviços daqueles que estão chorando e detestando o trabalho. Quanto é mais feliz aquele que nada deve a ninguém senão a quem tão facilmente pode negar: a si mesmo!

9. Mas visto não termos tanta força, devem ser reduzidas então nossas riquezas, de modo a ficarmos menos expostos às injúrias da fortuna. Na guerra, mais hábeis são os corpos que podem contrair-se em seus escudos do que aqueles que os transbordam e pela grandeza se expõem aos golpes; a melhor medida do dinheiro é aquela que não cai na pobreza nem se afasta muita dela.

IX

1. E nos agradaria essa medida se antes nos houvesse agradado à parcimônia sem a qual nenhuma riqueza é suficiente e nenhuma bastante exposta, principalmente quando próximo esteja o remédio e possa a pobreza mesma, favorecida pela frugalidade, converter-se em riqueza.

2. Acostumemo-nos a afastar de nós a pompa e a apreciar as coisas por sua utilidade e não por seu ornamento. A comida aplaque a fome, a bebida, a sede, o prazer flua por onde é

libido qua necesse est fluat. Discamus membris nostris inniti, cultum victumque non ad nova exempla componere, sed ut maiorum mores suadent. Discamus continentiam augere, luxuriam coercere, gloriam temperare, iracundiam lenire, paupertatem aequis oculis aspicere, frugalitatem colere, etiam si multos pudebit rei eius, desideriis naturalibus parvo parata remedia adhibere, spes effrenatas et animum in futura imminentem velut sub vinculis habere, id agere, ut divitias a nobis potius quam a fortuna petamus.

3. Non potest umquam tanta varietas et iniquitas casuum ita depelli, ut non multum procellarum irruat magna armamenta pandentibus. Cogendae in artum res sunt, ut tela in vanum cadant, ideoque exsilia interim calamitatesque in remedium cessere et levioribus incommodis graviora sanata sunt. Ubi parum audit praecepta animus nec curari mollius potest, quidni consulatur, si et paupertas et ignominia et rerum eversio adhibetur? Malo malum opponitur. Assuescamus ergo cenare posse sine populo et servis paucioribus servire et vestes parare in quod inventae sunt et habitare contractius. Non in cursu tantum circique certamine, sed in his spatiis vitae interius flectendum est.

4. Studiorum quoque, quae liberalissima impensa est, tamdiu rationem habet quamdiu modum. Quo innumerabiles libros et bibliothecas, quarum dominus vix tota vita indices perlegit? Onerat discentem turba, non instruit, multoque satius est paucis te auctoribus tradere quam errare per multos.

necessário. Aprendamos a apoiar-nos em nossos membros, a ajustar nosso comer e vestir não a novos exemplos, mas sim a como nos persuadem os costumes de nossos antepassados. Aprendamos a aumentar a continência, a refrear a luxúria, a moderar a ânsia de gloria, a suavizar a ira, a olhar com bons olhos para a pobreza, a cultivar a frugalidade, ainda que muitos se envergonhem de empregar remédios pouco preparados os desejos naturais, a ter refreadas as esperanças e como atada a alma que tende para o futuro, a agir de modo que nos cheguem as riquezas a partir de nós mesmos antes que a partir da fortuna.

3. Nunca pode ser repelida tanta variedade e iniquidade de acasos sem que se levantem grandes tormentos contra os que lançam ao mar tantos navios. As coisas devem ser estreitadas, para que os dardos caiam em vão, e por isso, às vezes os exílios e calamidades são um remédio e com mais leves incômodos são curados os mais pesados. Quando a alma ouve pouco os preceitos e não pode curar-se mais suavemente, por que não será para seu bem que se lhe aplique a pobreza, a ignomínia e a ruína? Um mal opõe-se a outro. Acostumemo-nos então, a poder cear sem companhia, a servir-nos de bem poucos escravos, a empregar as vestes naquilo para que foram inventadas, e a habitar casas menos amplas. Não apenas na carreira e luta do circo, mas também nesta arena da vida deve-se curvar interiormente.

4. Mesmo os gastos para os estudos, que são os mais bem-empregados, são tanto mais racionais quanto mais moderados. Para que inumeráveis livros e bibliotecas de que o dono durante a vida toda lê por inteiro, com custo, apenas os índices? Essa grande quantidade sobrecarrega o discente, não o instrui, e é muito preferível te entregares a poucos autores a andares ao acaso por muitos.

5. Quadraginta milia librorum Alexandriae arservnt. Pulcherrimum regiae opulentiae monumentum alius laudaverit, sicut et Livius, qui elegantiae regum curaeque egregium id opus ait fuisse. Non fuit elegantia illud aut cura, sed studiosa luxuria, immo ne studiosa quidem, quoniam non in studium, sed in spectaculum comparaverant, sicut plerisque ignaris etiam puerilium litterarum libri non studiorum instrumenta, sed cenationum ornamenta sunt. Paretur itaque librorum quantum satis sit, nihil in apparatum.

6. (Honestius, inquis, huc se impensae quam in Corinthia pictasque tabulas effuderint.) Vitiosum est ubique quod nimium est. Quid habes cur ignoscas homini armaria e citro atque ebore captanti, corpora conquirenti aut ignotorum auctorum aut improbatorum et inter tot milia librorum oscitanti, cui voluminum suorum frontes maxime placent titulique?

7. Apud desidiosissimos ergo videbis quicquid orationum historiarumque est, tecto tenus exstructa loculamenta: iam enim, inter balnearia et thermas, bibliotheca quoque ut necessarium domus ornamentum expolitur. Ignoscerem plane, si studiorum nimia cupidine erraretur; nunc ista conquisita, cum imaginibus suis discripta, sacrorum opera ingeniorum in speciem et cultum parietum comparantur.

X

1. At in aliquod genus vitae difficile incidisti et tibi ignoranti vel publica fortuna vel privata laqueum impegit,

5. Quarenta mil livros arderam em Alexandria. Que esse belíssimo monumento de opulência regia o tenha louvado outro, como Lívio, que diz ter sido essa uma obra egrégia da elegância e aplicação dos reis. Mas não foi elegância nem aplicação, mas excesso de literatura, ou pelo contrário, nem sequer de literatura, porque não os reunira para os estudos, mas sim para os espetáculos, como para muitos que ignoram até as primeiras letras, os livros não são instrumentos de estudo, mas sim ornamentos de salas de jantar. Aceite-se, portanto, de livros o quanto seja suficiente, e nada por ostentação.
6. "É muito honesto", dizes, "gastar aí do que em vasos de Corinto e em telas pintadas. É vicioso em qualquer lugar o que é excessivo. Que razão tens para desculpar o homem que procura obter armários de limoeiro e de marfim, que requisita obras completas de autores desconhecidos ou desaprovados e, entre tantos mil livros, boceja, a quem agradam principalmente as capas e títulos de seus volumes?
7. Nas casas dos mais preguiçosos, portanto, verás tudo quanto existe de oratória e de história, estando repletas até o teto as estantes: pois agora, além dos balneários e termas, a biblioteca também é cultivada como necessário ornamento da casa. Eu o desculparia completamente, se ele errasse por um excessivo afã aos estudos, mas essas tão procuradas obras de conteúdos consagrados, copiados com suas imagens, são reunidas para decorar as paredes.

X

1. Mas incidiste em alguma vida difícil, e a ti que o ignorava, a fortuna pública ou privada impingiu um laço que não podes desatar nem romper. Considera que os agrilhoados

quem nec solvere possis nec rumpere. Cogita compeditos primo aegre ferre onera et impedimenta crurum; deinde, ubi non indignari illa, sed pati proposuerunt, necessitas fortiter ferre docet, consuetudo facile. Invenies in quolibet genere vitae oblectamenta et remissiones et voluptates, si volueris mala putare levia potius quam invidiosa facere.

2. Nullo melius nomine de nobis natura meruit, quae, cum sciret quibus aerumnis nasceremur, calamitatum mollimentum consuetudinem invenit, cito in familiaritatem gravissima adducens. Nemo duraret, si rerum adversarum eandem vim assiduitas haberet quam primus ictus.

3. Omnes cum fortuna copulati sumus: aliorum aurea catena est ac laxa, aliorum arta et sordida, sed quid refert? Eadem custodia universos circumdedit alligatique sunt etiam qui alligaverunt, nisi forte tu leviorem in sinistra catenam putas. Alium honores, alium opes vinciunt; quosdam nobilitas, quosdam humilitas premit; quibusdam aliena supra caput imperia sunt, quibusdam sua; quosdam exsilia uno loco tenent, quosdam sacerdotia. Omnis vita servitium est.

4. Assuescendum est itaque condicioni suae et quam minimum de illa querendum et quicquid habet circa se commodi apprehendendum: nihil tam acerbum est, in quo non aequus animus solacium inveniat. Exiguae saepe areae in multos usus discribentis arte patuerunt, et quamvis angustum pedem dispositio fecit habitabilem. Adhibe rationem difficultatibus: possunt et dura molliri et angusta laxari et gravia scite ferentes minus premere.

primeiramente suportam a custo os pesos e impedimentos nas pernas, depois, quando se propõe não indignar-se contra aquelas coisas, mas sim suportá-las, a necessidade ensina-os a levá-las com coragem, e o habito, com facilidade. Encontrarás em qualquer que seja o gênero de vida divertimentos, distrações e prazeres, se considerares leves os males antes que torná-los odiosos.

2. De nenhum titulo a natureza nos foi mais merecedora do que de haver encontrado, sabendo para que aflições nasceríamos, o habito como alivio das calamidades, convertendo depressa em familiares as mais pesadas. Ninguém resistiria, se a persistência das coisas adversas tivesse a mesma força que o primeiro choque.

3. Todos estamos ligados à fortuna: de uns a cadeia é áurea e frouxa, de outros, estreita e suja, mas que importa? O mesmo cárcere cercou todo mundo, e presos foram também os que prenderem — pois tu não pensas, por acaso, ser mais leve a cadeia quando levada na mão esquerda. As horas atam um, as riquezas, outro; a uns pressiona a notoriedade, a outros, a obscuridade; uns têm sobre a cabeça comandos alheios, outros, os seus próprios; a uns os detém, em um lugar, o exílio, a outros, o sacerdócio. Toda vida é servidão.

4. Deve-se acostumar, portanto, à própria condição, queixar-se o menos possível dela e agarrar o que quer que se tenha de cômodo ao redor: nenhuma coisa é tão rigorosa que, nela, uma alma equânime não encontre consolo. Muitas vezes áreas exíguas prestaram-se a muitos usos por arte do arquiteto e, embora o local fosse estreito, a disposição o tornou habitável. Aplica a razão às dificuldades: tanto podem ser suavizadas as coisas duras como alargadas as estreitas, e as pesadas podem oprimir menos os que sabem levá-las.

5. Non sunt praeterea cupiditates in longinquum mittendae, sed in vicinum illis egredi permittamus, quoniam includi ex toto non patiuntur. Relictis iis quae aut non possunt fieri aut difficulter possunt, prope posita speique nostrae alludentia sequamur, sed sciamus omnia aeque levia esse, extrinsecus diversas facies habentia, introrsus pariter vana. Nec invideamus altius stantibus: quae excelsa videbantur praerupta sunt.

6. Illi rursus quos sors iniqua in ancipiti posuit tutiores erunt superbiam detrahendo rebus per se superbis et fortunam suam quam maxime poterunt in planum deferendo. Multi quidem sunt quibus necessario haerendum sit in fastigio suo, ex quo non possunt nisi cadendo descendere; sed hoc ipsum testentur maximum onus suum esse, quod aliis graves esse cogantur, nec sublevatos se, sed suffixos. Iustitia, mansuetudine, humanitate, larga et benigna manu praeparent multa ad secundos casus praesidia, quorum spe securius pendeant.

7. Nihil tamen aeque nos ab his animi fluctibus vindicaverit quam semper aliquem incrementis terminum figere, nec fortunae arbitrium desinendi dare, sed ipsos multo quidem citra consistere. Sic et aliquae cupiditates animum acuent et finitae non in immensum incertumque producent.

XI

1. Ad imperfectos et mediocres et male sanos hic meus sermo pertinet, non ad sapientem. Huic non timide nec

5. Além disso, os desejos não devem ser levados muito longe: permitamos-lhes apenas sair para as proximidades, porque não podem ser totalmente reprimidos. Abandonando aquilo que não pode acontecer ou dificilmente pode, sigamos as coisas próximas que favoreçam nossa esperança, mas saibamos que todas são levianas e, embora tenham por fora diversas faces, por dentro são igualmente vãs. E não invejemos os que estão mais alto: o que parece altura é precipício.

6. Aqueles, pelo contrário, aos quais uma sorte iníqua conduziu a uma encruzilhada, mais seguros estarão diminuindo sua soberba nas coisas que naturalmente levam à altivez e deixando ao alvitre da fortuna o mínimo que puderem. Muitos, na verdade, existem que estão imperiosamente atados às alturas, e daí não podem descer a não ser caindo; mas atestam ser isso mesmo sua maior carga, por quanto se veem obrigados a pesar sobre outros — e confirmam, aliás, não estarem elevados em relação a esses, mas presos a eles. Que por sua justiça, mansidão, humanidade, e mão generosa e benigna preparem eles, aos acasos propícios, muitas forças que tornem mais segura sua esperança.

7. Nada, todavia, nos defenderá tão bem dessas flutuações da alma como o fixar sempre um limite às ambições, sem deixá-las ao arbítrio da fortuna, e determo-nos a nós mesmos bem antecipadamente. Assim, ainda que venham a excitar a alma, alguns desejos, limitados, não avançarão às regiões do imenso nem do incerto.

XI

1. É aos imperfeitos, medíocres, e insensatos que se dirigem esses meus preceitos, não ao sábio. Não deve esse cami-

pedetentim ambulandum est: tanta enim fiducia sui est, ut obviam fortunae ire non dubitet nec umquam loco illi cessurus sit. Nec habet ubi illam timeat, quia non mancipia tantum possessionesque et dignitatem, sed corpus quoque suum et oculos et manum et quicquid cariorem vitam facit seque ipsum inter precaria numerat, vivitque ut commodatus sibi et reposcentibus sine tristitia redditurus.

2. Nec ideo vilis est sibi, quia scit se suum non esse; sed omnia tam diligenter faciet, tam circumspecte, quam religiosus homo sanctusque solet tueri fidei commissa.

3. Quandoque autem reddere iubebitur, non queretur cum fortuna, sed dicet: "Gratias ago pro eo quod possedi habuique. Magna quidem res tuas mercede colui, sed, quia ita imperas, do, cedo gratus libensque. Si quid habere me tui volueris etiamnunc, servabo; si aliud placet, ego vero factum signatumque argentum, domum familiamque meam reddo, restituo." Appellaverit natura, quae prior nobis credidit, et huic dicemus: "Recipe animum meliorem quam dedisti; non tergiversor nec refugio. Paratum habes a volente quod non sentienti dedisti: aufer."

4. Reverti unde veneris quid grave est? Male vivet quisquis nesciet bene mori. Huic itaque primum rei pretium detrahendum est et spiritus inter vilia numerandus. Gladiatores, ut ait Cicero, invisos habemus, si omni modo vitam impetrare cupiunt; favemus, si contemptum eius prae se ferunt. Idem evenire nobis scias: saepe enim causa moriendi est timide mori.

nhar tímido nem fazê-lo pé ante pé: ele tem tanta confiança em si mesmo que não hesita em sair ao encontro da fortuna, e não lhe cede nunca o passo. Nem tem por que temê-la, porquanto não apenas os escravos, as propriedades e a dignidade, mas também seu corpo, olhos e mãos, e tudo o que torna mais querida a vida, e até a si mesmo, todas essas coisas enfim, conta-as ele no rol das coisas precárias, e vive como se seu ser lhe fosse emprestado e haverá ele de devolvê-lo sem tristeza aos que o reivindicarem.

2. E não lhe é desprezível esse, por sabê-lo não seu; ao contrario, fará ele tudo com boa diligencia e circunspeção com que costuma o homem consciencioso e integro guardar o que se lhe confia.

3. E quando se lhe ordenar devolvê-lo, não se queixará da fortuna, mas dirá: "Agradeço-te pelo que possuí e tive. Cultivei certamente teus bens com grande esforço, mas, porque assim o mandas, tos dou agradecido e de bom grado os entrego. Se quiseres, no entanto, que eu conserve algo de ti ainda agora, conservá-lo-ei; se te agrada o contrario, a prataria, o dinheiro, minha casa e minha família, a ti devolvo e restituo tudo". Que nos intime a natureza, nossa primeira credora; a ela diremos: "Recebe uma alma melhor que aquela que me confiaste; não me esquivo nem busco evasivas. Tu tens, preparado pelo que tem boa vontade, aquilo que deste ao que não tinha consciência disso: toma-o".

4. Retornar donde tenha vindo: que há de penoso nisso? Viverá mal quem quer que não souber morrer bem. É precioso, portanto, primeiramente diminuir à vida seu préstimo e tê-la entre as coisas sem valor. Os gladiadores, como diz Cícero, consideramo-los odiosos, se a todo custo desejam conservar a vida: aplaudimo-los, se deixam claro que a desprezam. Saibas que o mesmo sucede a nós, pois muitas vezes a causa da morte é o medo de morrer.

5. Fortuna illa, quae ludos sibi facit: "Quo, inquit, te reservem, malum et trepidum animal? Eo magis convulneraberis et confodieris, quia nescis praebere iugulum. At tu et vives diutius et morieris expeditius, qui ferrum non subducta cervice nec manibus oppositis, sed animose recipis."

6. Qui mortem timebit, nihil umquam pro homine vivo faciet; at qui sciet hoc sibi cum conciperetur statim condictum, vivet ad formulam et simul illud quoque eodem animi robore praestabit, ne quid ex iis quae eveniunt subitum sit. Quicquid enim fieri potest quasi futurum sit prospiciendo malorum omnium impetus molliet, qui ad praeparatos exspectantesque nihil afferunt novi, securis et beata tantum spectantibus graves veniunt.

7. Morbus est, captivitas, ruina, ignis: nihil horum repentinum est. Sciebam in quam tumultuosum me contubernium natura clusisset. Totiens in vicinia mea conclamatum est; totiens praeter limen immaturas exsequias fax cereusque praecessit; saepe a latere ruentis aedificii fragor sonuit; multos ex iis quos forum, curia, sermo mecum contraxerat, nox abstulit et iunctas sodalium manus copuatas interscidit: mirer ad me aliquando pericula accessisse, quae circa me semper erraverint?

8. Magna pars hominum est quae navigatura de tempestate non cogitat. Numquam me in re bona mali pudebit auctoris: Publilius, tragicis comicisque vehementior ingeniis quotiens mimicas ineptias et verba ad summam caveam spectantia

5. Esses são os jogos que a fortuna se permite: "Para que", diz ela, "te preservar, criatura má e covarde? Mais profundamente te verás transpassada e ferida, porquanto não sabes apresentar o pescoço. Mas tu que recebes corajosamente o ferro, sem desviar a cabeça nem opor as mãos, viverás mais tempo e mais rápida terás a morte".
6. Quem temer a morte nunca fará nada em prol dos vivos; mas aquele que tomar consciência de que sua sorte foi estabelecida já na sua concepção, viverá de acordo com o formulado, e ao mesmo tempo com o mesmo ânimo fará que nada do que lhe suceda seja imprevisto. Pois, prevendo que há de acontecer de fato tudo quanto possa vir a suceder, ele atenuará o impacto de todos os males, que nenhuma novidade trazem aos que estão preparados e esperando, mas que chegam como pesados fardos aos que creem seguros e esperam somente a felicidade.
7. A doença, o cativeiro, a ruína, o fogo: nada disso me é inesperado. Sabia eu em que tumultuosa habitação me havia encerrado a natureza. Tantas vezes se tem chorado em minhas vizinhanças; tantas vezes ante minha porta fachos e círios predisseram exéquias prematuras; com frequência soou do meu lado o fragor de um edifício que ruía: a muitos daqueles que o foro, a cúria, a conversação uniram a mim, levou-os a noite; e as mãos unidas pela amizade, separou-as a sepultura. E me haverei eu de admirar se alguma vez se me acercarem os perigos que sempre vagaram em meu derredor?
8. Grande parte dos homens, ao embarcar, não pensam na tempestade. Nunca me envergonhará citar um mau autor por uma boa intenção: Publílio, mais veemente que trágicos e cômicos, quando deixou de lado as tolices mímicas e as

reliquit, Inter multa alia cothurno, non tantum sipario fortiora et hoc ait:

Cuivis potest accidere quod cuiquam potest.

Hoc si quis in medullas demiserit et omnia aliena mala, quorum ingens cotidie copia est, sic aspexerit tamquam liberum illis et ad se iter sit, multo ante se armabit quam petatur. Sero animus ad periculorum patientiam post pericula instruitur.

9. "Non putavi hoc futurum" et: "Umquam tu hoc eventurum credidisses?" Quare autem non? Quae sunt divitiae quas non egestas et fames et mendicitas a tergo sequatur? quae dignitas, cuius non praetextam et augurale et lora patricia sordes comitentur et exprobratio notae et mille maculae et extrema contemptio? quod regnum est, cui non parata sit ruina et proculcatio et dominus et carnifex? nec magnis ista intervallis divisa, sed horae momentum interest inter solium et aliena genua.

10. Scito ergo omnem condicionem versabilem esse et quicquid in ullum incurrit posse in te quoque incurrere. Locuples es: numquid divitior Pompeio? Cui cum Gaius, vetus cognatus, hopes novus, aperuisset Caesaris domum ut suam cluderet, defuit panis, aqua. Cum tot flumina possideret in suo orientia, in suo cadentia, mendicavit stillicidia; fame

palavras destinas ao vulgo, entre outras muitas coisas mais vigorosas que a arte trágica e cômica[6], disse isto:
A cada qual pode acontecer o que pode acontecer a qualquer um.

Se alguém fizesse penetrar tal máxima até as medulas e cuidasse que os males alheios todos, cuja abundância todos os dias é tão copiosa, podem tanto sobrevir aos demais como a si mesmo, estaria armado muito antes que o atacassem. Tardiamente a alma encontra forças para se opor aos perigos.

9. "Não pensei que isso haveria de ocorrer" e "Terias tu acreditado que isso haveria de acontecer algum dia?" E por que não? Quais são as riquezas que não trazem consigo as necessidades, a fome, a mendicidade? Quais são as dignidades cujas insígnias, bastão augural e calçado patrício não são acompanhados de exprobações, mil manchas e extremo desprezo?

Que reino existe, ao qual não esteja preparada a ruína, a degradação, o tirano e o verdugo? Nem se dão a grandes intervalos tais coisas, mas no espaço de uma hora se passa do trono à prostração ante joelhos alheios.

10. Sabe, portanto, que todo estado é mutável e que o que sucedeu a outro pode também sobrevir a ti. És rico: acaso mais que Pompeu?[7] A esse faltou pão e água, porquanto Caio[8], sem antigo parente e novo anfitrião, abriu-lhe a casa dos Césares para lhe fechar a sua. Conquanto tantos rios possuísse que nasciam e morriam em seus domínios, teve de mendigar a água que caía das goteiras; e pereceu de fome e

---

[6] Literalmente "o coturno dos atores e o pano de boca de teatro". No tempo antigo, os atores trágicos usavam coturno.

[7] Não se trata do triúnviro Pompeu, mas sim de uma outra figura, desconhecida, da época do imperador Calígula.

[8] Trata-se do imperador Calígula (Lúcio Caio César Calígula).

ac siti periit in palatio cognati, dum illi heres publicum funus esurienti locat.

11. Honoribus summis functus es: numquid aut tam magnis aut tam insperatis aut tam universis quam Seianus? Quo die illum senatus deduxerat, populus in frusta divisit. In quem quicquid congeri poterat dii hominesque contulerant, ex eo nihil superfuit quod carnifex traheret.

12. Rex es: non ad Croesum te mittam, qui rogum suum et escendit iussus et exstingui vidit, factus non regno tantum, etiam morti suae superstes; non ad Iugurtham, quem populus romanus intra annum quam timuerat spectavit: Ptolemaeum Africae regem, Armeniae Mithridaten inter Gaianas custodias vidimus; alter in exsilium missus est, alter ut meliore fide mitteretur optabat. In tanta rerum sursum ac deorsum euntium versatione, si non quicquid fieri potest pro futuro habes, das in te vires rebus adversis, quas infregit quisquis prior vidit.

XII

1. Proximum ab his erit ne aut in supervacuis aut ex supervacuo laboremus, id est ne quae aut non possumus consequi concupiscamus aut adepti vanitatem cupiditatum nostrarum sero post multum sudorem intellegamus, id est ne aut labor irritus sit sine effectu aut effectus labore indignus.

sede no palácio do parente, enquanto o herdeiro lhe preparava funeral publico, a ele que morrera esfomeado.
11. Exerceste os mais altos cargos: acaso tão grandes ou tão inesperados ou tão universais como os de Sejano? Naquele dia em que o acompanhara o senado, o povo o despedaçou. Daquele a quem os deuses e os homens haviam concedido quanto pode reunir-se, não sobrou nada que o verdugo pudesse tirar.
12. És rei: não te enviarei a Creso[9], que, sob ordens, se dirigiu à própria pira e viu extinguir-se, sem perder a vida, a fogueira, e sobreviveu não somente a seu reino mas também à sua morte; nem a Jugurta, a quem no transcurso de um mesmo ano o povo romano temeu e contemplou cativo. A Ptolomeu, rei de África, e a Mitridates, da Armênia[10], temos visto capturados pelos guardas de Caio; um foi enviado ao exílio, outro desejava que o enviassem com maior segurança. Em meio à permanente instabilidade das coisas que ora sobem, ora descem, se não esperas por tudo quanto pode suceder, dás à diversidade forças contra ti, a ela que só é vencida por quem, adiantando-se no tempo, a vê.

XII

1. Segue-se a isso que não devemos trabalhar em coisas inúteis ou por motivos inúteis, isto é, que não desejamos o que não podemos conseguir, ou, alcançados os objetivos, não compreendamos tarde e após muito esforço a frivolidade de nossos desejos; isto é, que o labor não seja estéril e sem efeito,

---

[9] Confira a história de Creso em HERÓDOTO. História, livro I, a partir do parágrafo 26.

[10] Segundo os historiadores romanos, esses reis foram inicialmente convidados a ir a Roma por Calígula. Posteriormente, o imperador condenou um à morte, e outro ao exílio.

Fere enim ex his tristitia sequitur, si aut non successit aut successus pudet.

2. Circumcidenda concursatio, qualis est magnae parti hominum domos et theatra et fora pererrantium: alienis se negotiis offerunt, semper aliquid agentibus similes. Horum si aliquem exeuntem e domo interrogaveris: "Quo tu? quid cogitas?" respondebit tibi: "Non mehercules scio, sed aliquos videbo, aliquid agam."

3. Sine proposito vagantur, quaerentes negotia, nec quae destinaverunt agunt, sed in quae incucurrerunt. Inconsultus illis vanusque cursus est, qualis formicis per arbusta repentibus, quae in summum cacumen et inde in imum inanes aguntur. His plerique similem vitam agunt, quorum non immerito quis inquietam inertiam dixerit.

4. Quorundam quasi ad incendium currentium misereberis: usque eo impellunt obuios et se aliosque praecipitant, cum interim cucurrerunt aut salutaturi aliquem non resalutaturum aut funus ignoti hominis prosecuturi, aut ad iudicium saepe litigantis, aut ad sponsalia saepe nubentis, et lecticam assectati quibusdam locis etiam tulerunt. Dein, domum cum supervacua redeuntes lassitudine, iurant nescire se ipsos quare exierint, ubi fuerint, postero die erraturi per eadem illa vestigia.

5. Omnis itaque labor aliquo referatur, aliquo respiciat. Non industria inquietos, ut insanos falsae rerum imagines agitant: nam ne illi quidem sine aliqua spe moventur; proritat illos alicuius rei species, cuius vanitatem capta mens non coarguit.

ou o efeito indigno do labor. Pois o resultado do insucesso ou do sucesso ignominioso é quase sempre a tristeza.

2. Suprima-se essa agitação em que se encontra grande parte dos homens que perambulam por casa, teatro e foros, metem-se nos negócios alheios, com o que parecem sempre ocupados. Se a algum desses interrogares, quando sai de casa: "Aonde vais? Em que pensas?", ele te responderá: "Não sei, por Hércules! Mas verei algumas pessoas, farei algo".

3. Vagam sem propósito, buscando não as ocupações a que se propuseram, mas sim aquelas com que deparam ao acaso. A caminhada lhes é irrefletida e vã, como a das formigas que trepam pelas arvores e, depois de subir ao mais alto topo, descem vazias à terra. Levam vida semelhante à delas, muitos cuja vida se poderia chamar, não sem razão, de preguiça inquieta.

4. Compadecer-te-ás de muitos que correm como a um incêndio, a tal ponto atropelam os que encontram pela frente e se precipitam sobre os demais, quando em verdade correm a saudar alguém que não responderá ao cumprimento, ou a seguir o funeral de um homem desconhecido, ou a assistir ao processo daquele que vive a litigar, ou aos esponsais daquela que amiúde contrai novas núpcias, ou a acompanhar uma liteira e levá-la, inclusive, a alguns lugares. Depois, tornando para casa inutilmente cansados, juram não saberem eles mesmos a que saíram, onde haviam estado — eles que no dia seguinte pôr-se-ão a errar, seguindo aquelas mesmas pegadas.

5. Que todo labor se destine, portanto, a um fim claramente definido. Não é a atividade que move os inquietos, mas sim, como os insanos, agitam-nos as falsas imagens das coisas: pois nem sequer esses, os insanos, movem-se sem alguma esperança; atrai-os a aparência de alguma coisa cuja falsidade eles, em sua demência, não distinguem.

6. Eodem modo unumquemque ex his qui ad augendam turbam exeunt inanes et leves causae per urbem circumducunt, nihilque habentem in quod laboret lux orta expellit, et cum, multorum frustra liminibus illisus, nomenclatores persalutavit, a multis exclusus, neminem ex omnibus difficilius domi quam se convenit.

7. Ex hoc malo dependet illud taeterrimum vitium, auscultatio et publicorum secretorumque inquisitio, et multarum rerum scientia quae nec tuto narrantur nec tuto audiuntur.

XIII

1. Hoc secutum puto Democritum ita coepisse: "Qui tranquille volet vivere nec privatim agat multa nec publice", ad supervacua scilicet referentem: nam, si necessaria sunt, et privatim et publice non tantum multa, sed innumerabilia agenda sunt, ubi vero nullum officium sollemne nos citat, inhibendae actiones.

2. Nam qui multa agit saepe fortunae potestatem sui facit; quam tutissimum est raro experiri, ceterum semper de illa cogitare et nihil sibi de fide eius promittere: "Navigabo, nisi si quid inciderit" et: "Praetor fiam, nisi si quid obstiterit" et: "Negotiatio mihi respondebit, nisi si quid intervenerit."

3. Hoc est quare sapienti nihil contra opinionem dicamus accidere: non illum casibus hominum excerpimus, sed

6. Dá-se o mesmo a cada um desses que saem para aumentar a turba, motivos vãos e leves os conduzem pela cidade, embora nada tenham em que ocupar-se; a luz da manhã os expulsa de casa e, depois de haverem batido inutilmente às portas de muitos e de haverem saudado os nomencladores, não sendo por muitos recebidos, os que dentre todos mais dificilmente se encontram em casa são eles mesmos.
7. Desse mal deriva este vício assaz horrível: o espreitar e informar-se acerca das novidades secretas e públicas, e o tomar conhecimento de muitas coisas que não se contam nem se ouvem em segurança.

XIII

1. Penso que Demócrito seguiu essa doutrina ao ter iniciado com estas palavras: "Que não tenha muitas ocupações, nem em particular nem em público, aquele que deseja viver tranquilo", referindo-se evidentemente às ocupações inúteis: pois, se são necessárias, não só cumpre tê-las muitas, particular e publicamente, mas até inumeráveis; quando, no entanto, nenhum dever solene reclama-nos, é mister conter nossas ações.
2. Pois quem faz muitas coisas frequentemente dá margem à ação da fortuna sobre si, quando o mais seguro é experimentá-la raramente, e de resto pensar sempre nela sem em nada fiar-se de sua constância. "Navegarei, a não ser que algo aconteça" e "Serei pretor, a não ser que algo mo impeça". "O negócio me corresponderá à expectativa, a não ser que algo intervenha".
3. Digamos, portanto, que nada acontece ao sábio contra a sua expectativa: não o colocamos à parte das desventuras dos

erroribus, nec illi omnia ut voluit cedunt, sed ut cogitavit. Imprimis autem cogitavit aliquid posse propositis suis resistere. Necesse est autem levius ad animum pervenire destitutae cupiditatis dolorem, cui successum non utique promiseris.

XIV

1. Faciles etiam nos facere debemus, ne nimis destinatis rebus indulgeamus, transeamusque in ea in quae nos casus deduxerit, nec mutationem aut consilii aut status pertimescamus, dummodo nos levitas, inimicissimum quieti vitium, non excipiat. Nam et pertinacia necesse est anxia et misera sit, cui fortuna saepe aliquid extorquet, et levitas multo gravior, nusquam se continens. Utrumque infestum est tranquillitati, et nihil mutare posse et nihil pati.

2 Utique animus ab omnibus externis in se revocandus est: sibi confidat, se gaudeat, sua suspiciat, recedat quantum potest ab alienis, et se sibi applicet; damna non sentiat, etiam adversa benigne interpretetur.

3. Nuntiato naufragio, Zenon noster, cum omnia sua audiret submersa: "Iubet, inquit, me fortuna expeditius philosophari." Minabatur Theodoro philosopho tyrannus mortem, et quidem insepultam: "Habes, inquit, cur tibi

homens, mas sim de seus erros; nem lhe sucede tudo conforme quis, mas conforme pensou. Ora, antes de mais nada, pensou ele que algo poderia opor a seus propósitos. A de ser necessariamente mais leve a dor que atinge a alma por não se realizar um desejo, quando, de qualquer maneira, nunca se contou com o sucesso.

XIV

1. Devemos também fazer-nos fáceis e flexíveis e, sem entregar-nos demasiado aos assuntos a que nos temos proposto, passar àqueles outros aos quais a casualidade nos conduza, sem temer mudar nossa determinação ou nossa posição, contanto que não nos venha depois a inconstância, vício que vem a ser o maior inimigo da tranquilidade. Pois, se a obstinação é tormentosa e miserável, visto que a fortuna amiúde lhe arranca algo, a inconstância, que nunca se contém consigo mesma, é muito mais grave. Tanto é funesto à tranquilidade não poder mudar nada como não poder sofrer nada.
2. Seja como for, a alma deve recolher-se em si mesma, deixando todas as coisas externas: que ela confie em si, se alegre consigo, estime o que é seu, se aparte o quanto pode do que lhe é alheio, e se dedique a si mesmo, que ela não se ressinta das perdas materiais e interprete com benevolência até mesmo as coisas adversas.
3. Anunciado o naufrágio, nosso Zenão, como ouvisse que tudo que possuía tivesse ficado submerso, disse. "A fortuna manda-me filosofar mais desembaraçadamente". Um tirano ameaçava matar e até deixar insepulto o filósofo Teodoro: "Tens", disse-lhe esse, "com que te comprazas: há uma hemi-

placeas, hemina sanguinis in tua potestate est; nam quod ad sepulturam pertinet, o te ineptum, si putas mea interesse supra terram an infra putrescam."

4. Canus Iulius, vir in primis magnus, cuius admirationi ne hoc quidem obstat quod nostro saeculo natus est, cum Gaio diu altercatus, postquam abeunti Phalaris ille dixit: "Ne forte inepta spe tibi blandiaris, duci te iussi. Gratias, inquit, ago, optime princeps."

5. Quid senserit dubito; multa enim mihi occurrunt. Contumeliosus esse voluit et ostendere quanta crudelitas esset, in qua mors beneficium erat? An exprobravit illi cotidianam dementiam? Agebant enim gratias et quorum liberi occisi et quorum bona ablata erant. An tamquam libertatem libenter accepit? Quicquid est, magno animo respondit.

6. Dicet aliquis: potuit post hoc iubere illum Gaius vivere. Non timuit hoc Canus: nota erat Gaii in talibus imperiis fides. Credisne illum decem medios usque ad supplicium dies sine ulla sollicitudine exegisse? Verisimile non est quae vir ille dixerit, quae fecerit, quam in tranquillo fuerit.

7. Ludebat latrunculis. Cum centurio, agmen periturorum trahens, illum quoque excitari iuberet, vocatus numeravit calculos et sodali suo: "Vide, inquit, ne post mortem meam

na[11] de meu sangue em teu poder; mas no que diz respeito à sepultura, és tolo se pensas ser do meu interesse que eu apodreça sobre ou debaixo da terra".

4. Cano Júlio, homem especialmente grande, cuja glória não ofusca sequer o fato de ter nascido em nosso século, discutiu muito tempo com Caio. Ao retirar-se, disse-lhe aquele Fálaris[12]: "Para que não te iludas acaso com uma vã esperança, ordenei que te conduzam ao suplício". "Agradeço-te, ótimo príncipe", respondeu Cano.

5. Que sentiu ele, não o sei, pois me ocorrem muitas possíveis interpretações. Quis ele ser injurioso ao príncipe, mostrando a enormidade da sua crueldade, sob a qual a morte era um benefício? Ou exprobou-lhe a demência quotidiana? Pois deviam-lhe agradecimento diário tanto aqueles cujos filhos ele havia matado como aqueles cujos bens havia tirado. Ou aceitou de bom grado a morte como liberdade? Seja como for, respondeu ele com grande presença de espírito.

6. Diria alguém: podia Caio, depois disso, ordenar que ele vivesse. Cano não teve tal receio: sabia-se que Caio costumava ser fiel às suas resoluções em tais assuntos. Crês acaso que Cano passou sem nenhuma inquietude os dez dias que mediaram até o suplício? Não parece verossímil o que disse aquele varão, o que fez, a tranquilidade que manteve.

7. Ele jogava o "jogo dos mercenários"[13]. Como o centurião, conduzindo o grupo dos condenados, ordenasse-lhe que também se levantasse, ele, convocado, contou as pedras do jogo e disse a seu companheiro: "Vê que não mintas após

---

[11] Medida de capacidade correspondente a meio sextário, ou seja, a terça parte duma unidade.

[12] Apelido que Sêneca dá aqui ao imperador Caio Calígula. Fálaris foi um cruel tirano de Agrigento (cidade da Sicília).

[13] Espécie de jogo de xadrez.

mentiaris te vicisse." Tum, annuens centurioni: "Testis, inquit, eris uno me antecedere." Lusisse tu Canum illa tabula putas? Illusit.

8. Tristes erant amici, talem amissuri virum: "Quid maesti, inquit, estis? Vos quaeritis an immortales animae sint; ego iam sciam." Nec desiit veritatem in ipso fine scrutari et ex morte sua quaestionem habere.

9. Prosequebatur illum philosophus suus, nec iam procul erat tumulus in quo Caesari deo nostro fiebat cotidianum sacrum. Is: "Quid, inquit, Cane, nunc cogitas? aut quae tibi mens est? - Observare, inquit Canus, proposui illo velocissimo momento an sensurus sit animus exire se." Promisitque, si quid explorasset, circumiturum amicos et indicaturum quis esset animarum status.

10. Ecce in media tempestate tranquillitas, ecce animus aeternitate dignus, qui fatum suum in argumentum veri vocat, qui, in ultimo illo gradu positus, exeuntem animam percontatur, nec usque ad mortem tantum, sed aliquid etiam ex ipsa morte discit: nemo diutius philosophatus est. Non raptim relinquetur magnus vir et cum cura dicendus: dabimus te in omnem memoriam, clarissimum caput, Gaianae cladis magna portio!

XV

1. Sed nihil prodest privatae tristitiae causas abiecisse: occupat enim nonnumquam odium generis humani, et

minha morte dizendo que ganhaste". Então voltando o rosto ao centurião: "Serás testemunha", disse-lhe, "de que eu levo a vantagem de um ponto". Pensas tu que Cano estava jogando no tabuleiro? Ele estava zombando. **8.** Tristes estavam os amigos que iam perder tal varão. "Por que estais abatidos?", disse-lhes. "Vós quereis saber se as almas são imortais; eu agora vou saber". Em seu próprio fim ele não deixou de escrutar a verdade nem de investigar sua própria morte.

9. Seguia-o seu filósofo[14], e já não estava longe o túmulo em que se oferecia a nosso deus César o sacrifício diário, "Em que pensas agora, Cano?", perguntou-lhe o filósofo, "Que tens em mente?". "Propus-me observar", respondeu Cano, "se naquele brevíssimo instante da morte a alma há de sentir-se sair". E ele prometeu que, se descobrisse algo, havia de voltar aos amigos e indicar-lhes qual fosse a condição das almas.

10. Eis a tranquilidade no meio da tempestade, eis um caráter digno da eternidade, que invoca a própria fatalidade como meio de buscar a verdade, que, posto naquele momento extremo, interroga a alma exalante, que aprende algo não apenas até a morte, mas também a partir da própria morte: ninguém filosofou por mais tempo. Não se abandonará depressa esse grande varão, de quem se deve falar com estima: conservar-te-emos na memória de todos os pósteros, vítima ilustre, grande parte representaste nos assassínios de Caio!

XV

1. Mas em nada aproveita ter lançado fora as causas da tristeza pessoal, pois, às vezes, toma-nos uma aversão ao gê-

---

[14] Era costume das pessoas abastadas, na época, ter sempre a companhia de um "filósofo".

occurrit tot scelerum felicium turba. Cum cogitaveris quam sit rara simplicitas et quam ignota innocentia et vix umquam, nisi cum expedit, fides, et libidinis lucra damnaque pariter invisa, et ambitio usque eo iam se suis non continens terminis ut per turpitudinem splendeat, agitur animus in noctem et, velut eversis virtutibus, quas nec sperare licet nec habere prodest, tenebrae oboriuntur.

2. In hoc itaque flectendi sumus, ut omnia vulgi vitia non invisa nobis, sed ridicula videantur, et Democritum potius imitemur quam Heraclitum: hic enim, quotiens in publicum processerat, flebat, ille ridebat; huic omnia quae agimus miseriae, illi ineptiae videbantur. Elevanda ergo omnia et facili animo ferenda: humanius est deridere vitam quam deplorare.

3. Adice quod de humano quoque genere melius meretur qui ridet illud quam qui luget: ille et spei bonae aliquid relinquit, hic autem stulte deflet quae corrigi posse desperat; et universa contemplanti maioris animi est qui risum non tenet quam qui lacrimas, quando levissimum affectum animi movet et nihil magnum, nihil severum, ne miserum quidem ex tanto paratu putat.

4. Singula propter quae laeti ac tristes sumus sibi quisque proponat, et sciet verum esse quod Bion dixit, omnia hominum negotia simillima initiis esse nec vitam illorum magis sanctam aut severam esse quam conceptum.

5. Sed satius est publicos mores et humana vitia placide accipere, nec in risum nec in lacrimas excidentem; nam

nero humano, quando nos lembra a grande quantidade de crimes impunes; quando se pensa quão rara seja a simplicidade e quão desconhecida a inocência — e também, alguma vez, a lealdade, quando não é conveniente —; quando se pensa nos lucros e danos igualmente odiosos da sensualidade, e na ambição que não se contém em seus limites, a ponto de procurar seu brilho na torpeza. Então, densa noite obscurece a alma, arruinadas as virtudes que não se podem esperar dos outros nem aproveita ter, nascem adiante das trevas.

2. E assim devemos considerar ridículos, não odiosos, os vícios todos do vulgo. E imitemos antes a Demócrito que a Heráclito: pois este, sempre que saísse em público, chorava; aquele ria; a um pareciam misérias tudo o que fazemos, a outro, tolices. Devem, portanto, ser atenuadas todas as coisas e suportadas com boa disposição: é mais humano rir-se da vida do que deplorá-la.

3. Acrescentemos que merece mais do gênero humano quem se ri dele do que quem o lamenta: aquele ainda deixa alguma boa esperança, este porém chora tolamente o que não espera ver corrigido. E ao contemplar o universo, revela mais presença de espírito aquele que se entrega ao riso do que aquele que desata a chorar, a não ser que o comova uma suavíssima emoção e pense ele que não há nada de grande, nada severo e nem mesmo deplorável em tamanho espetáculo.

4. Que cada qual examine uma a uma as coisas pelas quais nos vemos tristes ou alegres e reconhecerá a verdade nas palavras de Bion: os negócios humanos todos assemelham-se em seus fundamentos, e nem a vida dos homens é mais venerável ou importante do que um embrião.

5. Mas já é bastante aceitar resignadamente os costumes públicos sem entregar-se ao riso ou às lágrimas, porque ator-

alienis malis torqueri aeterna miseria est, alienis delectari malis voluptas inhumana.

6. Sicut est illa inutilis humanitas, flere, quia aliquis filium efferat, et frontem suam fingere, in suis quoque malis ita gerere se oportet, ut dolori tantum des quantum natura poscit, non quantum consuetudo. Plerique cum lacrimas fundunt ut ostendant, et totiens siccos oculos habent quotiens spectator defuit, turpe iudicantes non fiere cum omnes faciant: adeo penitus hoc se malum fixit, ex aliena opinione pendere, ut in simulationem etiam res simplicissima, dolor, veniat.

XVI

1. Sequetur pars quae solet non immerito contristare et in sollicitudinem adducere. Ubi bonorum exitus mali sunt, ubi Socrates cogitur in carcere mori, Rutilius in exsilio vivere, Pompeius et Cicero clientibus suis praebere cervicem, Cato ille, virtutum viva imago, incumbens gladio, simul de se ac de re publica palam facere, necesse est torqueri tam iniqua praemia fortunam persolvere. Et quid sibi quisque tunc speret, cum videat pessima optimos pati?

2. Quid ergo est? Vide quomodo quisque illorum tulerit et, si fortes fuerunt, ipsorum illos animo desidera, si muliebriter et ignave perierunt, nihil periit. Aut digni sunt quorum virtus tibi placeat, aut indigni quorum desideretur ignavia. Quid enim est turpius quam si maximi viri timidos fortiter moriendo faciunt?

mentar-se pelos males alheios é fazer-se eternamente miserável e alegrar-se com eles, um prazer desumano.
6. Assim, pois, revela-se cortesia inútil chorar e aparentar tristeza a alguém, porque enterra seu filho. Nos próprios males convém comportar-se de modo a ceder à dor aquilo quanto pede a natureza, não o costume. Muitos, com efeito, derramam lágrimas à força de expô-las, e têm secos os olhos em todas as ocasiões em que lhes falte espectador, julgando vergonhoso não chorar, quando todos o fazem. Tão profundamente se fixou este mal, o conduzir-se pela opinião alheia, que mesmo algo tão espontâneo, como a dor, toma ares de simulação.

XVI

1. Segue-se uma parte que, não sem razão, costuma contristar e trazer inquietude. Quando são maus os destinos dos bons, quando Sócrates é obrigado a morrer no cárcere, Rutílio a viver no exílio, Pompeu e Cicero, a curvar-se aos seus clientes, e aquele famoso Catão, viva imagem de virtudes, que, lançando-se contra sua espada, fez ver a todos que findavam a um tempo ele e a república, é inevitável que nos venha atormentar a ideia de que a fortuna reserve a esses varões tão iníquos prêmios. E que há então de esperar cada um para si, quando vê os melhores padecerem coisas tão más?
2. Mas que há? Vê de que modo cada um deles o suportou e, se foram fortes, deseja tu a mesma firmeza de alma; se pereceram de modo mulheril e covarde, nada se perdeu. Ou são dignos aqueles cuja virtude nos encante, ou indignos aqueles em quem se ache covardia. Que é mais vergonhoso do que nos tornar covardes o exemplo desses grandes varões que pereceram bravamente?

3. Laudemus totiens dignum laudibus et dicamus: "Tanto fortior! tanto felicior! Omnes effugisti casus, livorem, morbum; existi ex custodia; non tu dignus mala fortuna diis nisus es, sed indignus in quem iam aliquid fortuna posset." Subducentibus vero se et in ipsa morte ad vitam respectantibus manus iniciendae sunt.

4. Neminem flebo laetum, neminem flentem: ille lacrimas meas ipse abstersit, hic suis lacrimis effecit ne ullis dignus sit. Ego Herculem fleam quod vivus uritur, aut Regulum quod tot clavis configitur, aut Catonem quod vulnera iterat sua? Omnes isti levi temporis impensa invenerunt quomodo aeterni fierent, et ad immortalitatem moriendo venerunt.

XVII

1. Est et illa sollicitudinum non mediocris materia, si te anxie componas nec ullis simpliciter ostendas, qualis multorum vita est, ficta, ostentationi parata: torquet enim assidua observatio sui et deprehendi aliter ac solet metuit. Nec umquam cura solvimur, ubi totiens nos aestimari putamus quotiens aspici. Nam et multa incidunt quae invitos denudant, et, ut bene cedat tanta sui diligentia, non tamen iucunda vita aut secura est semper sub persona viventium.

2. At illa quantum habet voluptatis sincera et per se inornata simplicitas, nihil obtendens moribus suis! Subit tamen et haec vita contemptus periculum, si omnia omnibus

3. Louvemos uma e outra vez o digno de louvores e digamos: "Quanto mais corajoso, tanto mais feliz! Escapaste de todas as sortes, da inveja da enfermidade, saíste da prisão; não pareceste aos deuses digno do infortúnio, mas mereceste deles um abrigo aos golpes da fortuna". Quanto aos que tratam de escapar e no limiar da morte voltam-se para a vida, cumpre precipitá-los à força.
4. Não chorarei por ninguém que esteja alegre, nem por ninguém que chore: aquele enxugou ele mesmo minhas lágrimas, este com suas lágrimas tornou-se indigno de alguma outra. Choraria eu por Hércules, queimado vivo, ou por Régulo, crivado de tantos pregos, ou por Catão, que dirigiu contra si seus próprios golpes? Todos esses encontraram, a custo de um lapso insignificante de tempo, o modo pelo qual se fizessem eternos e, morrendo, alcançaram a imortalidade.

XVII

1. Uma outra forma não menos importante de inquietação é o compor-se com escrúpulos e não se apresentar com simplicidade a ninguém, como é típico de muitos, que levam vida dissimulada e pronta para a ostentação. Atormenta, com efeito, a continua observação de si mesmo e o temor de ser surpreendido em alguma outra circunstância que não a de costume. Nunca nos livramos da preocupação, quando supomos ser objeto da avaliação dos olhares todos que se nos dirigem. Pois muitos incidentes ocorrem que, contra nossa vontade, põe-nos a nu e, ainda que tenha êxito tamanho cuidado de si, não é, todavia, agradável ou segura a vida dos que vivem sempre sob uma máscara.
2. Por outro lado, que prazer nos confere a simplicidade sincera, sem ornatos, que nada encobre de seus costumes!

patent: sunt enim qui fastidiant quicquid propius adierunt. Sed nec virtuti periculum est ne admota oculis revilescat, et satius est simplicitate contemni quam perpetua simulatione torqueri. Modum tamen rei adhibeamus: multum interest, simpliciter vivas an neglegenter.

3. Multum et in se recedendum est: conversatio enim dissimilium bene composita disturbat et renovat affectus et quicquid imbecillum in animo nec percuratum est exulcerat. Miscenda tamen ista et alternanda sunt, solitudo et frequentia. Illa nobis faciet hominum desiderium, haec nostri, et erit altera alterius remedium: odium turbae sanabit solitudo, taedium solitudinis turba.

4. Nec in eadem intentione aequaliter retinenda mens est, sed ad iocos devocanda. Cum puerulis Socrates ludere non erubescebat, et Cato vivo laxabat animum curis publicis fatigatum, et Scipio triumphale illud ac militare corpus movebat ad numeros, non molliter se infringens, ut nunc mos est etiam incessu ipso ultra muliebrem mollitiam fluentibus, sed ut antiqui illi viri solebant inter lusum ac festa tempora virilem in modum tripudiare, non facturi detrimentum etiam si ab hostibus suis spectarentur.

5. Danda est animis remissio: meliores acrioresque requieti surgent. Ut fertilibus agris non est imperandum (cito enim illos exhauriet numquam intermissa fecunditas), ita animorum impetus assiduus labor franget; vires recipient

Todavia, também esse gênero de vida traz consigo o risco de desprezo, se nos expusermos totalmente a todos: pois há os que se enfastiam de qualquer coisa que se lhes torna acessível. Mas não há que aviltar-se de modo algum a virtude, quando acessível aos olhares, e melhor é ser desprezado por sua simplicidade que ver-se atormentado por uma perpétua simulação. Entretanto, usemos de moderação: muito diferem entre si o viver com simplicidade e o viver com descuido.

3. Há mister recolher-se muito em si mesmo: pois a relação com os que não são semelhantes perturba os equilibrados, renova-lhes as paixões e ulcera o que quer que na alma esteja fraco e mal curado. Deve-se misturar e alternar a solidão e a comunicação. Aquela nos incutirá o desejo de convívio social, esta, o desejo de nós mesmos, e uma será o remédio da outra: a solidão curará nossa aversão à multidão, nosso tédio à solidão.

4. Nem se deve ter a mente aplicada igualmente ao mesmo ponto, mas levá-la aos entretenimentos. Sócrates não enrubescia por jogar com os meninos; Catão relaxava com o vinho o ânimo fatigado pelos encargos públicos; Cipião deixava ir ao compasso da dança aquele seu corpo triunfal e militar, não se requebrando molemente, como agora é costume entre aqueles que, mesmo no andar, se ondulam mais que as mulheres em sua languidez, mas como aqueles Antigos varões costumavam dançar, de modo viril, sem degradar-se a si mesmos, ainda que fossem vistos por seus inimigos.

5. Cumpre folgar o espírito: repousado, levanta melhor e mais enérgico. Assim como aos campos férteis não se deve exigir muito (pois depressa os exauriria uma fecundidade a que não se dá trégua), assim o contínuo labor quebrantará as forças do espírito, que as recobraria com um pouco de des-

paulum resoluti et remissi. Nascitur ex assiduitate laborum animorum hebetatio quaedam et languor.

6. Nec ad hoc tanta hominum cupiditas tenderet, nisi naturalem quandam voluptatem haberet lusus iocusque. Quorum frequens usus omne animis pondus omnemque vim eripiet: nam et somnus refectioni necessarius est, hune tamen si per diem noctemque continues, mors erit. Multum interest, remittas aliquid an solvas.

7. Legum conditores festos instituerunt dies ut ad hilaritatem homines publice cogerentur, tamquam necessarium laboribus interponentes temperamentum, et magni iudicii viri quidam sibi menstruas certis diebus ferias dabant, quiddam nullum non diem inter otium et curas dividebant. Qualem Pollionem Asinium oratorem magnum meminimus, quem nulla res ultra decumam detinuit: ne epistulas quidem post eam horam legebat, ne quid novae curae nasceretur, sed totius diei lassitudinem duabus illis horis ponebat. Quidam medio die interiunxerunt et in postmeridianas horas aliquid levioris operae distulerunt. Maiores quoque nostri novam relationem post horam decumam in senatu fieri vetabant. Miles vigilias dividit, et nox immunis est ab expeditione redeuntium.

8. Indulgendum est animo dandumque subinde otium, quod alimenti ac virium loco sit. Et in ambulationibus apertis vagandum, ut caelo libero et multo spiritu augeat attollatque

canso e de distração. O labor contínuo faz nascer ao espírito certo embotamento e langor.

6. Nem tenderia a isso com tanta força o desejo dos homens se não tivessem certo natural deleite o jogo e a distração. O abusar deles, no entanto, arrancará às almas todo peso e toda força: pois também o sono é necessário à restauração. Todavia, caso o prolongues dia e noite, será a morte. Há larga diferença entre afrouxar e soltar.

7. Os legisladores instituíram dias de festa a fim de que os homens se reunissem para se divertir em comum, interpondo aos trabalhos a necessária interrupção; e os grandes varões tomavam todos os meses alguns dias de férias, outros ainda os dividiam todos entre o ócio e as atividades. Recordamo-nos assim de Polião Asínio, grande orador, a quem nenhum assunto detinha além da hora décima[15]: nem sequer as cartas ele lia após essa hora, a fim de que não surgissem novas preocupações; e naquelas duas horas[16] reparava o cansaço do dia todo. Outros repartiam pela metade o dia, e deixavam para os trabalhos mais leves as horas da tarde. Também nossos antepassados proibiam que ocorresse nova discussão no Senado após a hora décima. Os soldados repartem entre si as vigílias; e os que voltam de expedição ficam livres do serviço noturno.

8. É preciso ser indulgente com o espírito e dar-lhe, de tempos em tempos, um repouso que lhe sirva de alimento e restauração. É preciso também passear por espaços abertos, para que o espírito se fortifique e se eleve a céu livre e em pleno ar; algumas vezes um passeio, uma viagem ou uma mu-

---

[15] Quer dizer, além das quatro horas da tarde. A hora décima correspondia ao período das 15 às 16 horas.

[16] A hora undécima (das 16h às 17h) e a hora duodécima (das 17h às 18h) correspondiam aos dois últimos períodos do dia; vinham a seguir as quatro partes da noite, conhecidas como *vigílias* pelos antigos romanos.

se animus; aliquando vectatio iterque et mutata regio vigorem dabunt, convictusque et liberalior potio. Nonnumquam et usque ad ebrietatem veniendum, non ut mergat nos, sed ut deprimat: eluit enim curas et ab imo animum movet et, ut morbis quibusdam, ita tristitiae medetur, Liberque non ob licentiam linguae dictus est inventor vini, sed quia liberat servitio curarum animum et asserit vegetatque et audaciorem in omnes conatus facit.

9. Sed, ut libertatis, ita vini salubris moderatio est. Solonem Arcesilanque indulsisse vino eredunt; Catoni ebrietas obiecta est: facilius efficient crimen honestum quam turpem Catonem. Sed nec saepe faciendum est, ne animus malam consuetudinem ducat, et aliquando tamen in exsultationem libertatemque extrahendus tristisque sobrietas removenda paulisper.

10. Nam, sive graeco poetae credimus, "aliquando et insanire iucundum est"; sive Platoni, "frustra poeticas fores compos sui pepulit"; sive Aristoteli, "nullum magnum ingenium sine mixtura dementiae fuit".

11. Non potest grande aliquid et super ceteros loqui nisi mota mens. Cum vulgaria et solita contempsit instinctuque sacro surrexit excelsior, tunc demum aliquid cecinit grandius ore mortali. Non potest sublime quicquam et in arduo positum contingere, quamdiu apud se est: desciscat oportet a

dança de região darão vigor, ou mesmo um banquete e uma bebida em doses mais generosas. Às vezes também é preciso chegar até a embriaguez, não para que ela nos trague, mas para que nos acalme: pois ela dissipa as preocupações, resolve até o mais fundo da alma e a cura da tristeza assim como de certas enfermidades. E Liber[17] foi chamado o inventor do vinho não porque solta a língua, mas sim porque liberta a alma da escravidão das inquietações; restabelece-a, fortalece-a e a faz mais audaz para todos os esforços.
9. Mas, como na liberdade, também no vinho é salutar a moderação. Crê-se que Sólon e Arcésilas eram dados ao vinho; a Catão, reprovou-se-lhe a embriaguez: mais facilmente se fará honesto esse crime do que Catão desonroso. Mas não se há de recorrer ao vinho com frequência, para que não se adquira esse mau costume; é preciso, todavia, deixar-se levar de vez em quando à exultação e à liberdade, removendo um pouco a triste sobriedade.
10. Pois, ou acreditamos no poeta grego: "Algumas vezes também é agradável perder a razão";[18] ou em Platão: "Em vão bateu às portas da poesia aquele que está senhor de si";[19] ou em Aristóteles: "Nunca houve um grande gênio sem alguma mescla de demência"[20].
11. Não se pode falar alguma coisa grande e superior às demais, a não ser com a mente excitada. Quando despreza o vulgar e habitual e se levanta ao alto por um instinto sagrado, a alma então canta, por fim, algo grande com boca mortal. Quando está em si, não pode alcançar algo sublime e árduo: é mister

---
[17] Um dos nomes de Baco.

[18] O poeta grego é Menandro (cf. fragmento 321 da edição Koch).

[19] *Fedro*, 22, 245a.

[20] *Problemata*, 30,1.

solito et efferatur et mordeat frenos et rectorem rapiat suum, eoque ferat quo per se timuisset escendere.

12. Habes, Serene carissime, quae possint tranquillitatem tueri, quae restituere, quae subrepentibus vitiis resistant. Illud tamen scito, nihil horum satis esse validum rem imbecillam servantibus, nisi intenta et assidua cura circumit animum labentem.

que se aparte do habitual, saia, morda os freios e arrebate seu condutor, e o leve aonde por si teria receado subir.

12. Tens, Sereno caríssimo, os meios que possam conservar a tranquilidade, que possam restituí-la, que resistam aos insinuantes vícios. Sabe-o entretanto: nenhum deles é bastante forte para salvar coisa tão frágil, se um aplicado e assíduo cuidado não nos cerca a alma vacilante.

AD SERENUM
DE OTIO

SOBRE O ÓCIO

AD SERENUM
DE OTIO

I

1. ... Nobis magno consensu vitia commendant. Licet nihil aliud quod sit salutare temptemus, proderit tamen per se ipsum secedere: meliores erimus singuli. Quid quod secedere ad optimos viros et aliquod exemplum eligere ad quod vitam dirigamus licet? Quod <nisi> in otio non fit: tunc potest optineri quod semel placuit, ubi nemo intervenit qui iudicium adhuc inbecillum populo adiutore detorqueat; tunc potest vita aequali et uno tenore procedere, quam propositis diversissimis scindimus.

2. Nam inter cetera mala illud pessimum est, quod vitia ipsa mutamus. Sic ne hoc quidem nobis contingit, permanere in malo iam familiari. Aliud ex alio placet vexatque nos hoc quoque, quod iudicia nostra non tantum prava sed etiam levia sunt: fluctuamur aliudque ex alio comprendimus, petita relinquimus, relicta repetimus, alternae inter cupiditatem nostram et paenitentiam vices sunt.

3. Pendemus enim toti ex alienis iudiciis et id optimum nobis videtur quod petitores laudatoresque multos habet,

SOBRE O ÓCIO

I

1. ... Com grande consenso eles[1] nos recomendam os vícios. Se nada tentamos que nos seja salutar, já nos será em si mesmo proveitoso apartar-nos isolados, seremos melhores. E que dizer de juntarmo-nos aos melhores homens e elegermos algum modelo pelo qual conduzamos nossa vida? Isso não é possível sem o ócio[2]: pois ele propicia o perseverar-nos no que nos agradou, desde que ninguém, com o concurso da multidão, nos desvie a convicção ainda mal afirmada; pois, então, a vida pode avançar em curso igual e regular, enquanto a entrecortamos com nossos propósitos contraditórios.
2. Pois, dentre os restantes males, o pior é aquele que nos faz mudar nossos próprios vícios. Assim nem sequer isto cabe a nós: permanecer no mal já é familiar; apraz-nos ir de um a outro, aflige-nos não só a insensatez mas até a frivolidade de nossos juízos.
3. Hesitamos, e uma coisa por outra compreendemos; abandonamos o que havíamos procurado, procuramos de novo o que havíamos abandonado: alternam-se em nós a

---

[1] Provavelmente, os homens da sociedade. Nota-se que o texto chegou mutilado aos nossos dias: o começo e o fim do tratado podem ter desaparecido acidentalmente, nos manuscritos.

[2] Este *ócio* dos antigos romanos tem o sentido de "tempo vago", de "retiro" e de "repouso", apropriado a uma ocupação intelectual, aos estudos, à filosofia.

non id quod laudandum petendumque est, nec viam bonam ac malam per se aestimamus sed turba vestigiorum, in quibus nulla sunt redeuntium.

4. Dices mihi: 'quid agis, Seneca? deseris partes? Certe Stoici vestri dicunt: «usque ad ultimum uitae finem in actu erimus, non desinemus communi bono operam dare, adiuvare singulos, opem ferre etiam inimicis senili manu. Nos sumus qui nullis annis vacationem damus et, quod ait ille vir disertissimus, canitiem galea premimus; nos sumus apud quos usque eo nihil ante mortem otiosum est ut, si res patitur, non sit ipsa mors otiosa». Quid nobis Epicuri praecepta in ipsis Zenonis principiis loqueris? Quin tu bene <a>c naviter, si partium piget, transfugis potius quam prodis?'

5. Hoc tibi in praesentia respondebo: 'numquid vis amplius quam ut me similem ducibus meis praestem? Quid ergo est? non quo miserint me illi, sed quo duxerint ibo.'

II

1. Nunc probabo tibi non desciscere me a praeceptis Stoicorum; nam ne ipsi quidem a suis desciverunt, et tamen excusatissimus essem, etiam si non praecepta illorum sequerer

cupidez e o arrependimento. Dependemos, com efeito, de opiniões alheias, e melhor nos parece aquilo que encontra muitos elogiadores e pretendentes, não aquilo que, em verdade, merece ser elogiado e pretendido, nem estimamos bem ou mau, por si mesmo, um caminho, mas pelas numerosas pegadas que não mostram as marcas do retorno.[3]

4. Dir-me-ás: "Que fazes, Sêneca? Abandonas teu partido! Certamente são os vossos estoicos que dizem: ʹAté o ultimo termo da vida estaremos atuantes, não cessaremos de trabalhar pelo bem comum, de ajudar a cada um, de levar auxílio até os inimigos, de nos conduzir com energia. Somos nós que a nenhuma idade damos trégua e, conforme diz aquele eloquente guerreiro, pressionamos sob o capacete as cãs.[4] entre nós não há ociosidade antes da morte, de sorte que, se a situação o permitisse, mesmo a nossa morte não seria ociosaʹ. E tu nos expões preceitos de Epicuro exatamente entre princípios de Zenão?[5] Por que não te afastas resolutamente do teu partido, se dele te enfadas, antes que o atraiçoes?".

5. Responder-te-ei isto, por agora: "Acaso queres que eu, semelhante a meus mestres, lhes esteja à frente em algo mais? Que é então? Irei não por onde me tenha eles prescrito, mas por onde me tenham conduzido".

II

1. Agora provarei a ti que não abandono os preceitos dos estoicos, pois na verdade nem eles próprios tem abandonado

---

[3] Alusão à fábula do leão e da raposa (cf. Horácio, *Epist*. I, 1, 70-75).

[4] Citação de Virgílio (*Acn.* IX, 612). A frase é dita pelo guerreiro Rútulo Numano.

[5] Filósofos gregos, chefes de escolas filosóficas (séculos IV e III a.C): Epicuro, criador do epicurismo; Zenão de Cício, fundador do estoicismo.

sed exempla. Hoc quod dico in duas dividam partes: primum, ut possit aliquis vel a prima aetate contemplationi veritatis totum se tradere, rationem vivendi quaerere atque exercere secreto;

2. Deinde, ut possit hoc aliquis emeritis stipendiis, profligatae aetatis, iure optimo facere et †ad alios actus animos† referre, virginum Vestalium more, quae annis inter officia divisis discunt facere sacra et cum didicerunt docent.

III

1. Hoc Stoicis quoque placere ostendam, non quia mihi legem dixerim nihil contra dictum Zenonis Chrysippive committere, sed quia res ipsa patitur me ire in illorum sententiam, quam si quis semper unius sequitur, non in curia sed in factione est. Utinam quidem iam tenerentur omnia et in aperto et confesso veritas esset nihilque ex decretis mutaremus! Nunc veritatem cum eis ipsis qui docent quaerimus.

2. Duae maxime et in hac re dissident sectae, Epicureorum et Stoicorum, sed utraque ad otium diversa via mittit. Epicurus ait: «non accedet ad rem publicam sapiens, nisi si quid intervenerit»; Zenon ait: «accedet ad rem publicam, nisi si quid inpedierit.»

os seus (e todavia muito escusado eu estaria até se não lhes seguisse os preceitos, mas os exemplos). Isso que digo dividirei em duas partes: primeiramente, de modo a poder alguém desde sua juventude, entregar-se de todo a contemplação da verdade, procurar uma regra de vida e praticá-la secretamente; **2.** Em seguida, de modo a poder, em idade avançada, tendo já dado a sua parte, ter ele o melhor direito de agir e de passar a outros as ocupações — à maneira das virgens vestais, que, entre tarefas alternadas ano a ano, aprendem a praticar ritos e, assim que aprendem, já passam a ensinar[6]

III

1. Mostrarei que essas máximas agradam também aos estoicos, não porque a mim uma lei haja eu dito de nada cometer contra a palavra de Zenão ou de Crísipo, mas porque a própria conjuntura admite que eu caminhe conforme a opinião deles: se alguém segue sempre a opinião de um só, não está numa assembleia do senado, mas numa facção. Oxalá todas as coisas já fossem conhecidas e manifesta verdade estivesse patente, e nada mudássemos a partir de nossos decretos! Mas procuramos a verdade com aqueles mesmos que ensinam.
2. Sobretudo nesse assunto duas seitas dissidem, a dos epicuristas e a dos estoicos; entretanto, por vias opostas, uma e outra levam ao ócio. Epicuro diz: "Não participará da vida pública o sábio, a não ser que sobrevenha alguma circunstância considerável". Zenão diz: Participará da vida pública, a não ser que o impeça alguma circunstância considerável".

---

[6] As vestais eram sacerdotistas de Vesta, deusa do fogo, entre os antigos romanos.

3. Alter otium ex proposito petit, alter ex causa; causa autem illa late patet. Si res publica corruptior est quam adiuvari possit, si occupata est malis, non nitetur sapiens in supervacuum nec se nihil profuturus inpendet; si parum habebit auctoritatis aut virium nec illum erit admissura res publica, si valetudo illum inpediet, quomodo navem quassam non deduceret in mare, quomodo nomen in militiam non daret debilis, sic ad iter quod inhabile sciet non accedet.

4. Potest ergo et ille cui omnia adhuc in integro sunt, antequam ullas experiatur tempestates, in tuto subsistere et protinus commendare se bonis artibus et inlibatum otium exigere, virtutium cultor, quae exerceri etiam quietissimis possunt.

5. Hoc nempe ab homine exigitur, ut prosit hominibus, si fieri potest, multis, si minus, paucis, si minus, proximis, si minus, sibi. Nam cum se utilem ceteris efficit, commune agit negotium. Quomodo qui se deteriorem facit non sibi tantummodo nocet sed etiam omnibus eis quibus melior factus prodesse potuisset, sic quisquis bene de se meretur hocipso aliis prodest quod illis profuturum parat.

IV

1. Duas res publicas animo complectamur, alteram magnam et vere publicam qua di atque homines continentur, in

3. Um busca o ócio por princípio; o outro, por uma causa. Tal causa porém se estende largamente: se a república é demais corrompida para que se possa auxiliá-la, se é lançada em trevas por males não se sacrificará o sábio em esforços supérfluos nem tentará ser útil em vão; se ele tiver pouca autoridade ou forças e a vida pública não o admitir em seu seio, se a saúde o impedir, assim como não lançaria ao mar um navio danificado, ou, estando fraco, não se inscreveria no serviço militar, assim também ele não tomará um caminho que não conheça bem.
4. Também aquele a quem tudo é novo pode, antes de experimentar umas e outras tempestades, permanecer em abrigo e entregar-se logo às boas artes[7], reclamando ilibado ócio, como cultivador das virtudes, que se podem exercer até nas maiores quietudes.
5. Isto seguramente se exige do homem: que seja útil a homens. Se possível a muitos; quando não, a poucos, quando não, aos parentes; quando não, a si. Pois, quando se faz útil aos demais, ele serve ao interesse geral. Assim, pois, quem se corrompe não prejudica somente a si, mas também a todos aqueles aos quais, em se aperfeiçoando, teria podido ser útil; inversamente, quem quer que porte bem em relação a si é útil a outros pelo fato mesmo de preparar-se ele a ser-lhes útil.

IV

1. Em espírito apreendemos duas repúblicas: uma, grande e verdadeiramente pública[8], que abarca deuses e homens, na

---

[7] *...et protinus commendare se bonis altibus...* a palavra *ars* (arte) significa também "habilidade adquirida pelo estudo ou pela prática"; assim *bonis artibus* pode-se traduzir ainda por "aos estudos" ou "à sabedoria".

[8] *...alteram magnam et uere publicam...* essa "grande e verdadeiramente pública" é a univer-

qua non ad hunc angulum respicimus aut ad illum sed terminos civitatis nostrae cum sole metimur, alteram cui nos adscripsit condicio nascendi; haec aut Atheniensium erit aut Carthaginiensium aut alterius alicuius urbis quae non ad omnis pertineat homines sed ad certos. Quidam eodem tempore utrique rei publicae dant operam, maiori minorique, quidam tantum minori, quidam tantum maiori.

2. Huic maiori rei publicae et in otio deservire possumus, immo vero nescio an in otio melius, ut quaeramus quid sit virtus, una pluresne sint, natura an ars bonos viros faciat; unum sit hoc quod maria terrasque et mari ac terris inserta complectitur, an multa eiusmodi corpora deus sparserit; continua sit omnis et plena materia ex qua cuncta gignuntur, an diducta et solidis inane permixtum; qui sit deus sedens, opus suum spectet an tractet, utrumne extrinsecus illi circumfusus sit an toti inditus; inmortalis sit mundus an inter caduca et ad tempus nata numerandus. Haec qui contemplatur, quid deo praestat? ne tanta eius opera sine teste sint.

V

1. Solemus dicere summum bonum esse secundum naturam vivere: natura nos ad utrumque genuit, et contemplatio-

qual não nos confinamos a este ou àquele canto, mas na qual os raios do sol marcam os limites de nossa cidade; outra, à qual nos atribui nossa condição de nascimento (essa será a dos atenienses ou dos cartagineses ou alguma outra cidade qualquer), que não se estende a todos os homens, mas a alguns determinados. Há os que, a um tempo, a uma e outra república consagram seu cuidado, à maior e à menor; outros somente à menor, outros somente à maior. **2.** A essa maior república podemos dedicar-nos mesmo no ócio — e até não sei se melhor no ócio —, procurando o que é a virtude, se é uma ou múltipla, se é a natureza ou o estudo que faz bons os homens; se isso que abarca mares e terras e tudo o que está inserido no mar e nas terras é um conjunto único, ou se Deus tem dispersado desse modo os muitos corpos; se a matéria de tudo o que é gerado é continua e plena, ou dispersada numa mescla de sólidos e vácuos; qual seria de Deus a sede, se ele contempla ou dirige sua obra, se ele a envolve de fora ou se ele está incutido em tudo; se o mundo é imortal ou se está incluído entre as coisas perecíveis e criadas para um tempo determinado. Em que é agradável a Deus quem contempla essas coisas? Em que não lhe esteja sem testemunha tão grande obra. Costumamos dizer que o maior bem é viver segundo a natureza: a natureza nos gerou a um e outro, tanto para a contemplação das coisas como para a ação.

V

1. Demonstraremos agora o que dissemos em primeiro lugar. Que mais? Não será provado isso, se então cada qual ti-

---

sal, ou seja, o mundo comum a todos.

ni rerum et actioni. Nunc id probemus quod prius diximus. Quid porro? hoc non erit probatum, si se unusquisque consuluerit quantam cupidinem habeat ignota noscendi, quam ad omnis fabulas excitetur?

2. Navigant quidam et labores peregrinationis longissimae una mercede perpetiuntur cognoscendi aliquid abditum remotumque. Haec res ad spectacula populos contrahit, haec cogit praeclusa rimari, secretiora exquirere, antiquitates evolvere, mores barbararum audire gentium.

3. Curiosum nobis natura ingenium dedit et artis sibi ac pulchritudinis suae conscia spectatores nos tantis rerum spectaculis genuit, perditura fructum sui, si tam magna, tam clara, tam subtiliter ducta, tam nitida et non uno genere formosa solitudini ostenderet.

4. Ut scias illam spectari voluisse, non tantum aspici, vide quem nobis locum dederit: in media nos sui parte constituit et circumspectum omnium nobis dedit; nec erexit tantummodo hominem, sed etiam habilem contemplationi factura, ut ab ortu sidera in occasum labentia prosequi posset et vultum suum circumferre cum toto, sublime fecit illi caput et collo flexili inposuit; deinde sena per diem, sena per noctem signa producens nullam non partem sui explicuit, ut per haec quae optulerat oculis eius cupiditatem faceret etiam ceterorum.

5. Nec enim omnia nec tanta visimus quanta sunt, sed acies nostra aperit sibi investigandi viam et fundamenta vero iacit, ut inquisitio transeat ex apertis in obscura et aliquid ipso mun-

ver examinado em si quanto desejo tenha de conhecer o que ignora e como a todas as narrativas preste atenção? **2.** Certos homens navegam e suportam os labores de uma peregrinação muito longa, pela única recompensa de conhecer algo oculto e remoto. Esse instinto leva aos espetáculos os povos, impele-os a perscrutar o inacessível, a buscar segredos, a revolver antiguidades, a ouvir costumes de bárbaros.
3. A natureza nos deu espírito curioso e, cônscia de sua arte e beleza, gerou-nos espectadores de tão grandes espetáculos das coisas. Em vão teria ela trabalhado, se expusesse à solidão essas obras tão grandes, tão claras, tão sutilmente conduzidas, tão nítidas e de variada beleza.
4. Saberás que quis ela ser contemplada, não somente olhada, se vires que local nos haja dado ela: na sua parte central ela nos estabeleceu e nos deu o panorama de tudo[9], e não se limitou a erguer o homem, mas ainda, disposta a tornar-lhe fácil a contemplação, para que pudesse ele acompanhar os astros que se movimentam do nascimento ao acaso e pudesse voltar o rosto, acompanhando o todo que gira, elevada fez-lhe a cabeça e sobre o pescoço flexível a pôs. Em seguida, conduzindo os signos do zodíaco, seis durante o dia, seis durante a noite, a natureza desdobrou as partes de si mesma, expondo aos olhares humanos tais fenômenos, a ver se inspirava-lhe o desejo de conhecer também o resto.
5. Nem vimos ainda, com efeito, as coisas todas quantas há, mas a inteligência abre-nos a via da investigação e lança demais os fundamentos, para que a pesquisa avance das questões claras às obscuras e conceba, enfim, algo mais antigo que o próprio mundo: donde teriam saído esses astros; qual teria sido o estado do universo antes que suas diferentes partes se dissociassem; que razão teria conduzido essas coisas encober-

---

[9] *...in media nos sui parte constituit et circumspectum ominium nobis dedit...* Sêneca segue aqui a crença, comum na Antiguidade, de que a terra fosse o centro do universo.

do inveniat antiquius: unde ista sidera exierint; quis fuerit universi status, antequam singula in partes discederent; quae ratio mersa et confusa diduxerit; quis loca rebus adsignaverit, suapte natura gravia descenderint, evolaverint levia, an praeter nisum pondusque corporum altior aliqua vis legem singulis dixerit; an illud verum sit quo maxime probatur homines divini esse spiritus, partem ac veluti scintillas quasdam astrorum in terram desiluisse atque alieno loco haesisse.

6. Cogitatio nostra caeli munimenta perrumpit nec contenta est id quod ostenditur scire: 'illud' inquit 'scrutor quod ultra mundum iacet, utrumne profunda vastitas sit an et hoc ipsum terminis suis cludatur; qualis sit habitus exclusis, informia et confusa sint, [an] in omnem partem tantundem loci optinentia, an et illa in aliquem cultum discripta sint; huic cohaereant mundo, an longe ab hoc secesserint et hic in vacuo volutetur; individua sint per quae struitur omne quod natum futurumque est, an continua eorum materia sit et per totum mutabilis; utrum contraria inter se elementa sint, an non pugnent sed per diversa conspirent.'

7. Ad haec quaerenda natus, aestima quam non multum acceperit temporis, etiam si illud totum sibi vindicat. Qui licet nihil facilitate eripi, nihil neglegentia patiatur excidere, licet horas suas avarissime servet et usque in ultimum aetatis humanae terminum procedat nec quicquam illi ex eo quod natu-

tas e confusas; quem teria indicado o lugar a cada uma delas; por sua própria natureza os corpos pesados desceriam, e os leves subiriam, ou além do impulso e do peso dos corpos algum poder mais alto teria prescrito essa lei para cada um; ou isto, que atesta tão bem terem origem os homens num sopro divino, seria verdadeiro: partículas desprendidas dos astros, como certas centelhas, terem-se precipitado na terra e terem-se prendido a esse ambiente estranho.

6. Nosso pensamento invade os redutos do céu e não se contenta em conhecer o que se lhe apresenta: "Sondo", diz ele, "aquilo que se estende além do firmamento: seria acaso esse outro mundo uma profunda vastidão, ou também se fecharia em seus limites? Qual seria o aspecto dessas regiões exteriores? Todas as coisas seriam aí informes e confusas, ou, ocupando espaço igual em toda a parte, estariam dispostas em alguma ordem harmoniosa? A este nosso mundo estariam ligadas, ou dele afastadas, e este nosso mundo rolaria no vácuo? Existiriam os indivisíveis[10], de que se constitui tudo o que já nasceu e tudo que está ainda por nascer, ou contínua seria a matéria e mutável somente no seu todo? Os elementos seriam contrários entre si, ou não lutariam entre si, mas por diversos caminhos concorreriam a um fim comum?".

7. Estima quão pouco tempo recebeu o ser destinado a investigar tais coisas, ainda que reserve ele o tempo todo para si: admita-se que nada lhe será conquistado com facilidade, que nada ele deixe escapar por negligencia, que administre avarissimamente suas horas, que chegue até o último termo da idade humana sem que a fortuna lhe venha extorquir o

---

[10] "Indivisíveis" (=átomos). "Átomo" significa exatamente "indivisível", e Sêneca empregou aqui, em vez do termo de origem grega *atomus*, a sua tradução literal em latim: *indiuiduum* (indivísvel).

ra constituit fortuna concutiat, tamen homo ad inmortalium cognitionem nimis mortalis est.

8. Ergo secundum naturam vivo si totum me illi dedi, si illius admirator cultorque sum. Natura autem utrumque facere me voluit, et agere et contemplationi vacare: utrumque facio, quoniam ne contemplatio quidem sine actione est.

VI

1. 'Sed refert' inquis 'an ad illam voluptatis causa accesseris, nihil aliud ex illa petens quam adsiduam contemplationem sine exitu; est enim dulcis et habet inlecebras suas.' Adversus hoc tibi respondeo: aeque refert quo animo civilem agas vitam, an semper inquietus sis nec tibi umquam sumas ullum tempus quo ab humanis ad divina respicias.

2. Quomodo res adpetere sine ullo virtutum amore et sine cultu ingeni ac nudas edere operas minime probabile est (misceri enim ista inter se et conseri debent), sic inperfectum ac languidum bonum est in otium sine actu proiecta virtus, numquam id quod didicit ostendens.

3. Quis negat illam debere profectus suos in opere temptare, nec tantum quid faciendum sit cogitare sed etiam aliquando manum exercere et ea quae meditata sunt ad verum perducere? Quodsi per ipsum sapientem non est mora, si non actor deest sed agenda desunt, ecquid illi secum esse permittes?

4. Quo animo ad otium sapiens secedit? ut sciat se tum quoque ea acturum per quae posteris prosit. Nos certe su-

que a natureza deu, mesmo assim ele, homem, é demasiado mortal para adquirir o conhecimento dos imortais.

8. Portanto, vivo segundo a natureza se todo a ela me dei, se dela sou admirador e cultor. E a natureza quis que eu fizesse uma e outra coisa: tanto agir como ter tempo para a contemplação; faço uma e outra, porque a contemplação nem sequer existe sem ação.

VI

1. Mas importa saber, dizes, se à natureza temo-nos dedicado por prazer, nada buscando nela que não a assídua contemplação sem fim: ela é, pois, agradável e tem seus atrativos — A isso te respondo: igualmente importa saber com que ânimo ocupamo-nos da vida pública, se sempre somos inquietos e jamais reservamos tempo para levar a vista das coisas humanas às divinas. **2.** Assim, de modo nenhum é recomendável perseguir resultados sem algum amor às virtudes e sem cultivo da inteligência, executando tarefas rudes (pois essas coisas devem aliar-se entre si e combinar-se); desse modo é bem imperfeita e impotente a virtude passiva, prostrada no ócio, nunca manifestando o que aprendeu. **3.** Quem nega que a virtude deva experimentar na prática seus progressos e não apenas limitar-se a cogitar como se deva agir, mas até passar por vezes à execução e realizar suas teorias? E por que, se não há obstáculo por parte do sábio, se não falta aquele que age, mas faltam sim ocasiões para agir? Porventura não se lhe permitirá ficar consigo mesmo? **4.** Com que ânimo o sábio refugia-se ao ócio? Porque ele sabe que, também então, haverá de ocupar-se com aquelas coisas pelas quais venha a ser útil aos pósteros. Somos

mus qui dicimus et Zenonem et Chrysippum maiora egisse quam si duxissent exercitus, gessissent honores, leges tulissent; quas non uni civitati, sed toti humano generi tulerunt. Quid est ergo quare tale otium non conveniat viro bono, per quod futura saecula ordinet nec apud paucos contionetur sed apud omnis omnium gentium homines, quique sunt quique erunt?

5. Ad summam, quaero an ex praeceptis suis vixerint Cleanthes et Chrysippus et Zenon. Non dubie respondebis sic illos vixisse quemadmodum dixerant esse vivendum: atqui nemo illorum rem publicam administravit. 'Non fuit' inquis 'illis aut ea fortuna aut ea dignitas quae admitti ad publicarum rerum tractationem solet.' Sed idem nihilominus non segnem egere vitam: invenerunt quemadmodum plus quies ipsorum hominibus prodesset quam aliorum discursus et sudor. Ergo nihilominus hi multum egisse visi sunt, quamvis nihil publice agerent.

VII

1. Praeterea tria genera sunt vitae, inter quae quod sit optimum quaeri solet: unum voluptati vacat, alterum contemplationi, tertium actioni. Primum deposita contentione depositoque odio quod inplacabile diversa sequentibus indiximus, videamus an haec omnia ad idem sub alio atque alio titulo perveniant: nec ille qui voluptatem probat sine contemplatione

nós certamente que afirmamos tanto de Zenão quanto de Crísipo terem feito eles maiores coisas do que se tivessem conduzido exércitos, exercido cargos honrosos, promulgado leis — que aliás eles promulgaram, não para uma só cidade, mas para todo o gênero humano. Que há portanto, que ao homem de bem não convenha um ócio tal que lhe permita dirigir os séculos futuros e falar não entre poucos, mas entre todos os homens de todas as nações, tanto os que existem como os que existirão?

5. Em suma, pergunto se Cleantes, Crísipo e Zenão teriam vivido de seus preceitos[11]. Sem dúvida responderás que viveram tal qual haviam dito que se devia viver. Ora, nenhum deles tomou parte na administração pública. Não tiveram, dizes, a condição ou a conveniência que se costuma exigir no trato das coisas públicas. Não levaram, contudo, vida inerte: descobriram o modo de tomar sua neutralidade mais útil aos homens que a agitação e o suor dos outros. Logo, embora aparentemente não agissem em nada, deram a impressão, não obstante, de terem agido muito.

VII

1. Há demais três gêneros de vida, entre os quais se procura saber qual seria o melhor um consagra-se ao prazer, outro à contemplação, um terceiro à ação. Primeiro, abandonados a polêmica e o ódio que implacavelmente temos impingido aos que seguem doutrinas contrárias, vejamos se todas elas, sob um e outro titulo, não chegam ao mesmo resultado. Nem aquele que aprecia o prazer renuncia à contemplação, nem

---

[11] Cleantes sucedeu a Zenão na chefia da escola estoica (264/3 a 233/2 a.C.) e foi sucedido por Crísipo (233/2 a 208/5 a.C.).

est, nec ille qui contemplationi inseruit sine voluptate est, nec ille cuius vita actionibus destinata est sine contemplatione est.

2. 'Plurimum' inquis 'discriminis est utrum aliqua res propositum sit an propositi alterius accessio.' Sit sane grande discrimen, tamen alterum sine altero non est: nec ille sine actione contemplatur, nec hic sine contemplatione agit, nec ille tertius, de quo male existimare consensimus, voluptatem inertem probat sed eam quam ratione efficit firmam sibi.

3. Ita et haec ipsa voluptaria secta in actu est. Quidni in actu sit, cum ipse dicat Epicurus aliquando se recessurum a voluptate, dolorem etiam adpetiturum, si aut voluptati imminebit paenitentia aut dolor minor pro graviore sumetur?

4. Quo pertinet haec dicere? ut appareat contemplationem placere omnibus; alii petunt illam, nobis haec statio, non portus est.

VIII

1. Adice nunc huc quod e lege Chrysippi vivere otioso licet: non dico ut otium patiatur, sed ut eligat. Negant nostri sapientem ad quamlibet rem publicam accessurum; quid autem interest quomodo sapiens ad otium veniat, utrum quia res publica illi deest an quia ipse rei publicae, si omnibus defutura res publica est? Semper autem deerit fastidiose quaerentibus.

2. Interrogo ad quam rem publicam sapiens sit accessurus. Ad Atheniensium, in qua Socrates damnatur, Aristoteles ne

aquele que se dedica à contemplação renuncia ao prazer, nem aquele cuja vida se destina a ações renuncia à contemplação.
2. É bem diferente, dizes, tomar alguma coisa como propósito e tomá-la apenas como suplemento de outro propósito — Seguramente é grande a diferença, todavia uma coisa não existe sem a outra: nem aquele sem ação contempla, nem este sem contemplação age, nem aquele terceiro, que temos concordado em menosprezar, experimenta um prazer inerte, mas sim o prazer que pela razão torna ele duradouro para si.
3. Assim também essa seita mesma de voluptuosos é ativa. E por que não seria ativa, quando o próprio Epicuro declara que alguma vez ele haverá de afastar-se do prazer, de procurar até a dor, se ao prazer estiver iminente o arrependimento ou então uma dor menor se deva sofrer em vez de outra mais forte?
4. A que vem dizer essas coisas? A tornar evidente que a contemplação agrada a todos: os outros a procuram; para nós ela é ancoradouro, não porto.

VIII

1. Acrescenta agora que, segundo a lei de Crísipo, é lícito viver ocioso: não digo que se tolere, mas que se eleja o ócio. Negam os nossos dever o sábio aproximar-se de qualquer vida pública; que importa, porém, de que modo o sábio chegue ao ócio, porque a vida pública lhe falte ou porque ele próprio falte à vida pública, se a todos nós a vida pública haverá de faltar? E aos que procuram granjear coisas, essa falta há de trazer sempre consigo o fastio.
2. Pergunto de que tipo de república o sábio deve aproximar-se. Da república dos atenienses, na qual Sócrates é condenado e Aristóteles, para não ser condenado, foge; na

damnetur fugit? in qua opprimit invidia virtutes? Negabis mihi accessurum ad hanc rem publicam sapientem. Ad Carthaginiensium ergo rem publicam sapiens accedet, in qua adsidua seditio et optimo cuique infesta libertas est, summa aequi ac boni vilitas, adversus hostes inhumana crudelitas, etiam adversus suos hostilis? Et hanc fugiet.

3. Si percensere singulas voluero, nullam inveniam quae sapientem aut quam sapiens pati possit. Quodsi non invenitur illa res publica quam nobis fingimus, incipit omnibus esse otium necessarium, quia quod unum praeferri poterat otio nuquam est.

4. Si quis dicit optimum esse navigare, deinde negat navigandum in eo mari in quo naufragia fieri soleant et frequenter subitae tempestates sint quae rectorem in contrarium rapiant, puto hic me vetat navem solvere, quamquam laudet navigationem...

qual a inveja oprime as virtudes? Negar-me-ás que o sábio deva aproximar-se dessa república. Aproximar-se-á então o sábio da república dos Cartagineses, na qual é incessante a guerra civil, e a liberdade é contrária ao honesto, e do justo e do bom só se diz a mais alta vileza, e contra os inimigos há crueldade inumana, e até para com seus cidadãos a cidade é hostil? Também evitará essa república

3. Se eu quisesse examinar cada uma, nenhuma encontraria que pudesse admitir o sábio, ou que o sábio pudesse admitir. E se não se encontra aquela república que concebemos para nós, o ócio começa a ser necessário para todos, porque a única coisa que se poderia preferir ao ócio não existe em parte alguma.

4. Se alguém diz ser ótimo navegar, e em seguida se recuse a fazê-lo no mar em que costumam ocorrer naufrágios e se verifiquem amiúde súbitas tempestades que arrastam o piloto em sentido contrário, esse alguém, penso, me proíbe de liberar a nave, embora elogie a navegação...[12]

---

[12] Lacuna; frase incompleta (cf. nota 1).

©Copyright 2020
Todos os direitos reservados
Editora Nova Alexandria Ltda.

Formato 14 x 21 cm
CAPA - Papel Cartão 250 g
MIOLO - Papel Couchê Fosco 120 g